Alberta D. Jones

VAMBRACE DUNGEON MONARCH
SPIELANLEITUNG

Meistere die Kunst des Kampfes, baue Eliteteams auf und decke verborgene Überlieferungen auf

Kapitel 1: Einführung in *Vambrace: Dungeon Monarch*

1.1 Überblick über die Spielwelt

Überblick über die Spielwelt

Vambrace: Dungeon Monarch spielt in einer düsteren und atmosphärischen Fantasy-Welt, in der gefährliche Dungeons, seltsame Monster und vergessene Geheimnisse an der Tagesordnung sind. Das Spiel lässt die Spieler in die düstere, aber detailreiche Umgebung eines verfluchten Landes eintauchen, in dem du dich in einer Welt zurechtfinden musst, die am Rande der Verzweiflung steht. Im Folgenden finden Sie eine detaillierte Aufschlüsselung der Welt und ihrer Schlüsselelemente:

Die Welt von Ebronia

Das Spiel spielt im Land Ebronia, einer riesigen und sich ständig weiterentwickelnden Welt, die von dunklen Mächten heimgesucht wird. Einst ein blühendes Königreich, ist Ebronia zu einem zerbrochenen Reich unter dem Schatten des Erzdämons geworden, einer bösartigen Macht, die das Land in Schutt und Asche gestürzt hat. Die einst pulsierenden Städte liegen nun verlassen da, überrannt von monströsen Kreaturen, und die einst belebten Straßen sind zu gefährlichen Pfaden geworden, die in die Verwüstung führen.

Trotz der überwältigenden Dunkelheit gibt es immer noch kleine Teile der Menschheit, die sich in isolierten Festungen und

Siedlungen verstecken und auf eine Überlebenschance hoffen. In den Städten und Dörfern Ebronias wimmelt es nur so von Überresten alter Kultur und Geheimnisse, die du durch Erkundungen und Quests entdecken wirst. Es sind jedoch die labyrinthartigen Dungeons, die tief unter der Oberfläche verborgen sind, die als Hauptfokus des Spiels dienen und eine Mischung aus Gefahr, Abenteuer und Schätzen bieten.

Die Dungeons: Eine Welt in Welten

Das Herzstück von *Vambrace: Dungeon Monarch* ist das riesige Netzwerk von Dungeons. Diese weitläufigen unterirdischen Labyrinthe sind uralt, mysteriös und voller Gefahren. Die Dungeons sind mehr als nur typische Levels oder Bereiche; Sie sind lebendige, atmende Welten, die sich je nach den Handlungen des Spielers verschieben und verändern. Jeder Dungeon birgt einzigartige Geheimnisse, Rätsel und Gefahren, darunter tödliche Fallen, seltsame Kreaturen und mächtige Bosse, die selbst die geschicktesten Abenteurer herausfordern.

Als Dungeon-Monarch ist es dein primäres Ziel, diese Dungeons zu erkunden und dein Territorium zu verteidigen. Je tiefer du vordringst, desto intensiver werden die Herausforderungen. Die Dungeons beherbergen eine Reihe von Kreaturen, von kleineren, weniger gefährlichen Bestien bis hin zu furchterregenden Giganten. Jeder Bereich des Dungeons bietet neue Umgebungen, Bedrohungen und Belohnungen, darunter Schätze, Überlieferungen und Artefakte, die dir bei deiner Mission helfen können.

Die Fraktionen von Ebronia

In der Welt von *Vambrace: Dungeon Monarch* haben verschiedene Fraktionen und Gruppen Einfluss auf das ganze Land. Diese

Fraktionen sind unerlässlich, um die Politik, Bündnisse und Gefahren der Welt zu verstehen:

- **Der Orden des Schleiers**: Eine mächtige Organisation von Rittern und Magiern, die sich dem Kampf gegen die Mächte der Finsternis verschrieben haben, insbesondere gegen die Monster, die das Land heimsuchen. Sie werden oft als letzte Hoffnung für die Wiederherstellung der Ordnung in Ebronien angesehen.

- **Die Gilde der Entdecker**: Eine bunt gemischte Gruppe von Abenteurern, Söldnern und Gelehrten, die versuchen, die Geheimnisse der Dungeons aufzudecken. Ihr Interesse liegt in dem Reichtum und dem Wissen, das in den Ruinen verborgen ist, auch wenn einige von ihnen dunklere Absichten haben könnten.

- **Die Ausgestoßenen**: Verstreute Überlebende, die von der fortschreitenden Dunkelheit in die Wildnis gezwungen wurden. Sie werden oft als Gesetzlose angesehen, aber einige können wertvolle Hilfe leisten, wenn du deinen Wert unter Beweis stellst.

- **Die monströsen Kräfte:** Zusätzlich zu den menschlichen Fraktionen sind die Dungeons die Heimat unzähliger Monster und dunkler Wesen. Von gewöhnlichen Untoten und Bestien bis hin zu mächtigen, uralten Kreaturen dienen die Monster von Ebronia sowohl als Feinde des Spiels als auch als Schlüssel zum Freischalten mächtiger Gegenstände und Geheimnisse.

Der dunkle Einfluss des Erzdämons

Der Einfluss des Erzdämons ist groß über Ebronien und wirft seinen Schatten auf alles, von den Landschaften bis hin zu den Menschen. Dieses böse Wesen ist verantwortlich für die katastrophalen Ereignisse, die zum Untergang des Königreichs führten, und seine Anwesenheit korrumpiert alles, was es berührt. Der Erzdämon residiert im Herzen der tiefsten Kerker, und seine Kräfte werden mit jedem Tag stärker.

Der Erzdämon ist nicht nur ein physischer Feind – er ist ein Symbol für die Verzweiflung und das Chaos, die Ebronia heimgesucht haben. Seine Korruption hat das Land selbst verzerrt und die Umgebung, die Kreaturen und sogar den Verstand derer verändert, die ihm begegnen. Die Ursprünge des Erzdämons und seine ultimativen Ziele zu verstehen, ist der Schlüssel, um die Geheimnisse der Welt zu enträtseln und einen Weg zu finden, sie zu besiegen.

Die Rolle des Dungeon Monarch

Als Dungeon Monarch bist du nicht nur ein Abenteurer; Du bist die letzte Verteidigungslinie gegen die herannahende Dunkelheit. Deine Aufgabe ist es, die Dungeons zurückzuerobern und zu verteidigen, die an die Mächte des Bösen verloren gegangen sind, und dich durch immer schwierigere Herausforderungen und Monster zu kämpfen, während du tiefer in das Reich vordringst. Der Titel des Dungeon Monarch bringt sowohl Verantwortung als auch Macht mit sich – indem du die Kunst der Dungeonverteidigung meisterst und uralte Artefakte freischaltest, deckst du die Wahrheit hinter der Verderbnis des Erzdämons auf und ebnest einen Weg, um das Gleichgewicht in der Welt wiederherzustellen.

Im Laufe des Spiels werden deine Interaktionen mit den Bewohnern Ebroniens und den Fraktionen, die um die Macht wetteifern, deine Reise prägen. Während du die Geheimnisse der Dungeons aufdeckst, musst du auch schwierige Entscheidungen treffen, die sich auf das Schicksal der Welt auswirken. Wirst du in der Lage sein, die letzten Bastionen der Menschheit zu beschützen, oder wird die Dunkelheit alles verschlingen?

1.2 Story und Lore

Die Welt von *Vambrace: Dungeon Monarch* ist durchdrungen von reicher Geschichte, Überlieferungen und Tragödien. Die Geschichte des Spiels ist verwoben durch die Ruinen eines einst großen Königreichs, das heute ein in Dunkelheit gehülltes Land ist, in dem sich nur die Mutigsten in seine gefährlichen Tiefen wagen. Im Folgenden finden Sie einen detaillierten Einblick in die Geschichte und die Erzählung, die die Ereignisse des Spiels vorantreibt.

Aufstieg und Fall Ebroniens

Ebronia, ein blühendes Königreich, das einst von Wohlstand, Schönheit und fortschrittlicher Kultur geprägt war, wurde durch ein kataklysmisches Ereignis zerstört, das das Land für immer veränderte. Im Mittelpunkt dieses Untergangs stand die Ankunft einer mächtigen und bösartigen Macht: des Erzdämons. Es war ein Wesen von unvorstellbarer Macht, das in der Lage war, die Realität selbst zu verzerren. Der Einfluss des Erzdämons breitete sich schnell aus, und es dauerte nicht lange, bis die großen Städte Ebroniens zerfielen und das Land selbst von seiner Korruption verdorben wurde.

Einst friedlich und blühend, steht Ebronia heute als zerrüttetes Königreich da, mit Überlebenden, die über das ganze Land verstreut sind und sich an die letzten Überreste der Zivilisation klammern. Die dunkle Magie des Erzdämons durchdringt jeden Aspekt des Lebens und versetzt die Welt in einen unkenntlichen Zustand des Chaos. Diese dunkle Ära Ebroniens wird oft als das Zeitalter der Verzweiflung bezeichnet und markiert die Zeit der Schreckensherrschaft des Erzdämons.

Der Erzdämon und seine Verderbnis

Der Erzdämon, der zentrale Antagonist von *Vambrace: Dungeon Monarch*, ist ein furchterregendes und jenseitiges Wesen, das für die Zerstörung des Königreichs verantwortlich ist. Sie war nicht nur ein Eroberer, sondern auch ein Vorbote des Untergangs, der Korruption und Finsternis verbreitete, wohin er auch ging. Die Reichweite dieser Entität geht weit über ihre physische Präsenz hinaus; Sie verzerrt den Verstand, bringt die Menschen gegeneinander auf und schürt eine immer tiefere Verzweiflung.

Der Einfluss des Erzdämons auf das Land hat eine Vielzahl von verdrehten Kreaturen hervorgebracht, von mutierten Bestien bis hin zu Untoten. Diese Monster befallen die einst unberührte Welt Ebroniens und lauern in den tiefen Verliesen, Höhlen und Ruinen, die der Untergang des Königreichs hinterlassen hat. Die Korruption des Erzdämons ist sowohl buchstäblich als auch metaphorisch und steht für den Zusammenbruch der einstigen Pracht Ebroniens und seinen Abstieg in den Wahnsinn.

Es wird angenommen, dass der Erzdämon selbst tief in den Abgründen der Kerker lebt, weit unter der Erde. Um dieses Böse wirklich zu besiegen, muss der Held in diese unerforschten Tiefen reisen, sich unaussprechlichen Schrecken stellen, vergessene Geheimnisse aufdecken und auf seinem Weg mächtige Artefakte sammeln.

Der Dungeon Monarch

Du schlüpfst in die Rolle des Dungeon-Monarchen, ein Titel, den nur wenige Auserwählte tragen, die dazu bestimmt sind, die verlorenen Dungeons Ebronias zurückzuerobern und die Mächte der Finsternis zu besiegen. Der Dungeon Monarch ist mehr als nur ein Anführer – er ist der Schlüssel zum Überleben der Menschheit. Durch ihre Beherrschung der Dungeons kann sich der Dungeon-Monarch gegen die Kreaturen wehren, die das Land durchstreifen, und das uralte Wissen aufdecken, das für den Kampf gegen den Erzdämon benötigt wird.

Der Kerkermonarch ist auch ein Symbol der Hoffnung für die verbliebenen Bewohner Ebroniens und sammelt die letzten Bastionen des Widerstands gegen die wachsende Dunkelheit. Als Dungeon-Monarch besteht deine Aufgabe nicht nur darin, den Erzdämon zu besiegen, sondern auch dein Volk zu beschützen, die verlorenen Ruinen zurückzuerobern und Ebronia wieder zu seinem früheren Glanz zu verhelfen.

Die uralten Relikte und Artefakte

Im Laufe der Geschichte werden die Spieler entdecken, dass viele uralte Relikte und mächtige Artefakte den Schlüssel zum Kampf gegen die Mächte des Erzdämons enthalten. Diese Relikte, die tief in den Kerkern versteckt sind und von mächtigen Feinden bewacht werden, bieten einen Einblick in die uralte Geschichte Ebronias. Viele dieser Gegenstände haben magische Eigenschaften, die es dem Dungeon-Monarchen ermöglichen, seine Fähigkeiten zu verbessern, Verbündete zu beschwören oder geheime Bereiche innerhalb der Dungeons freizuschalten.

Die Geschichte hinter diesen Artefakten ist mit den uralten Zivilisationen Ebroniens verbunden, die einst darum kämpften, die

Macht des Erzdämons einzudämmen. Die Spieler werden die Geschichte hinter jedem Relikt aufdecken und mehr über die Helden der Vergangenheit erfahren, die einst gegen dieselbe Dunkelheit kämpften, die drohte, die Welt zu verschlingen. Die Überlieferung enthüllt, dass diese Artefakte Teil eines uralten Plans waren, um die Macht des Erzdämons zu versiegeln, und dass sie nun erneut eingesetzt werden müssen, um seine Herrschaft ein für alle Mal zu beenden.

Die Fraktionen und ihre Kämpfe

Auf deiner Reise triffst du auf verschiedene Fraktionen und Individuen, die ihre eigenen Interessen am Überleben von Ebronia haben. Diese Gruppen haben jeweils ihre eigene Interpretation des Untergangs des Königreichs und der Rolle des Dungeon Monarch. Einige sehen dich als Helden, während andere dich als Bedrohung für ihre eigenen Interessen betrachten.

- **Der Orden des** Schleiers, ein uralter Orden von Rittern und Magiern, kämpft seit langem gegen die Truppen des Erzdämons. Sie glauben, dass der einzige Weg, Ebronia wiederherzustellen, die direkte Konfrontation mit dem Erzdämon ist, und sie sehen den Kerkermonarchen als entscheidenden Teil dieses Plans.

- **Die Gilde der Entdecker**, eine Gruppe von Abenteurern, Gelehrten und Schatzsuchern, versucht, die Dungeons zu ihrem eigenen Vorteil zu erkunden. Obwohl sie nicht unbedingt bösartig sind, kann ihre Gier nach uralten Relikten sie in Konflikt mit anderen Fraktionen bringen, insbesondere wenn diese Relikte für gefährliche Zwecke verwendet werden.

- **Die Ausgestoßenen** sind Überlebende, die das Chaos und die Zerstörung durch den Erzdämon erlebt haben. Sie arbeiten oft außerhalb der Grenzen etablierter Fraktionen und kämpfen auf ihre eigene Weise ums Überleben. Ihr Misstrauen gegenüber größeren Mächten kann zu Spannungen mit den besser organisierten Gruppen führen.

Als Dungeon-Monarch werden deine Interaktionen mit diesen Fraktionen und Charakteren die Geschichte prägen und das Schicksal von Ebronia bestimmen. Wirst du dich mit einer dieser Fraktionen verbünden oder wirst du einen Weg wählen, der sich allen widersetzt? Deine Entscheidungen werden nicht nur deine persönliche Reise, sondern die Zukunft des gesamten Königreichs beeinflussen.

1.3 Hauptmerkmale und Mechanik

Vumbrace: Dungeon Monarch bietet eine Vielzahl von Gameplay-Features, die es zu einem tiefgründigen, taktischen Erlebnis machen. Das Spiel verbindet die Erkundung von Dungeons, rundenbasierte Kämpfe und Ressourcenmanagement, um ein herausforderndes Abenteuer zu schaffen. Im Folgenden finden Sie einen Überblick über die wichtigsten Funktionen und Mechaniken, die das Gameplay definieren.

Dungeon-Erkundung

Die Kernmechanik des Spiels dreht sich um die Erkundung dunkler und gefährlicher Dungeons voller versteckter Geheimnisse, Schätze und Bedrohungen.

- **Dynamische Dungeon-Umgebungen**: Prozedural generierte Dungeons stellen sicher, dass jeder Durchlauf einzigartig ist. Im Laufe des Spiels entwickeln sich die Dungeons weiter und bieten neue Herausforderungen und Belohnungen.

- **Kartierungs- und Erkundungswerkzeuge**: Behalte deinen Fortschritt mit Karten im Spiel im Auge und entdecke verborgene Bereiche und Geheimnisse, während du sie erkundest.

- **Verborgene Geheimnisse und Sammlerstücke**: Entdecke Schätze, Artefakte und Überlieferungen, während du tiefer in die Dungeons eintauchst und so deine Geschichte und deinen Spielfortschritt verbesserst.

Taktische rundenbasierte Kämpfe

Die Kämpfe sind rundenbasiert und konzentrieren sich auf strategische Positionierung, Fähigkeitsmanagement und Ressourcenschonung, um Feinde zu besiegen.

- **Charakterfähigkeiten und Fertigkeiten**: Jeder Charakter hat einzigartige Fähigkeiten, die taktisch eingesetzt werden können. Einige Fähigkeiten heilen oder verstärken, während andere Gegnern Schaden zufügen oder sie kontrollieren.

- **Gruppensynergie und Positionierung**: Die Position deines Teams auf dem Schlachtfeld ist entscheidend. Wenn du deine Charaktere richtig positionierst, kannst du Angriffe abwehren, Spezialfähigkeiten auslösen und die Schwächen des Gegners ausnutzen.

- **Feindtypen und Verhalten**: Unterschiedliche Feinde erfordern unterschiedliche Strategien. Einige sind anfällig für bestimmte Arten von Angriffen, während andere hohe Resistenzen oder Spezialfähigkeiten haben können.

- **Ressourcenmanagement**: Es ist wichtig, deine Gesundheits-, Ausdauer- und Manaressourcen während des Kampfes auszubalancieren. Entscheide, wann du heilst, wann du mächtige Fähigkeiten einsetzt und wann du dich ausruhst, um dein Überleben zu sichern.

Party-Management und Anpassung

Die Verwaltung und Anpassung deiner Gruppe ist ein wichtiger Aspekt von *Vambrace: Dungeon Monarch*.

- **Rekrutierung von Verbündeten**: Du kannst neue Charaktere mit einzigartigen Fähigkeiten und Hintergründen rekrutieren, um deinem Team beizutreten. Jeder neue Charakter bringt unterschiedliche Stärken und Schwächen mit sich.

- **Levelaufstieg und Fähigkeitsfortschritt**: Charaktere sammeln Erfahrung, schalten neue Fähigkeiten frei und verbessern bestehende. Passen Sie ihre Entwicklung an Ihre strategischen Ziele an.

- **Ausrüstung und Ausrüstung**: Rüste deine Charaktere mit Waffen, Rüstungen und Gegenständen aus, die ihren Fähigkeiten entsprechen. Die richtige Ausrüstung ist unerlässlich, um die schwierigeren Dungeon-Levels zu überleben.

- **Moral und Beziehungen**: Die Moral der Gruppe beeinflusst die Effektivität Ihres Teams. Die Beziehungen und Interaktionen der Charaktere beeinflussen den Ausgang von Schlachten und den Gesamterfolg.

Strategisches Ressourcenmanagement

Die strategische Verwaltung deiner Ressourcen ist der Schlüssel zum Überleben, wenn du dich tiefer in gefährliche Dungeons vorwagst.

- **Inventar- und Beuteverwaltung**: Die in den Dungeons gesammelte Beute muss sorgfältig verwaltet werden, da der Platz im Inventar begrenzt ist. Entscheiden Sie, was Sie behalten, aufwerten oder verwerfen möchten.

- **Überlebensmechanik: Charaktere** brauchen Nahrung, Wasser und Ruhe. Wenn sie diese Überlebensbedürfnisse nicht bewältigen, kann dies zu Erschöpfung oder Tod führen, sodass das Überleben genauso wichtig ist wie der Kampf.

- **Crafting und Upgrade:** Nutze gesammelte Ressourcen, um neue Gegenstände herzustellen oder bestehende Ausrüstung aufzuwerten. Crafting ist unerlässlich, um deine Chancen zu verbessern, wenn du dich immer härteren Feinden stellst.

Mehrere Wege und Entscheidungsfindung

Die Erzählung des Spiels bietet Entscheidungen, die sich sowohl auf das unmittelbare Gameplay als auch auf die größere Handlung auswirken.

- **Verzweigte Questreihen**: Deine Entscheidungen beeinflussen die Erzählung des Spiels, mit unterschiedlichen Fraktionen, Verbündeten und Quests, je nachdem, welchen Weg du wählst.

- **Moralische Entscheidungen und Konsequenzen**: Das Spiel bietet schwierige moralische Entscheidungen, die sich auf die Entwicklung deines Charakters, die Beziehungen zu anderen und den Ausgang der Geschichte auswirken können.

1.4 Systemanforderungen und Installation

Um eine optimale Leistung und ein reibungsloses Spielerlebnis in *Vambrace: Dungeon Monarch zu gewährleisten,* ist es wichtig, die Systemanforderungen zu erfüllen. Im Folgenden finden Sie eine Aufschlüsselung der minimalen und empfohlenen Systemanforderungen für Windows und macOS sowie Installationsanweisungen.

Minimale Systemanforderungen

Für Windows:

- **Betriebssystem**: Windows 7 oder neuer

- **Prozessor**: Intel Core i3 oder gleichwertig

- **Arbeitsspeicher**: 4 GB RAM

- **Grafik**: NVIDIA GeForce GTX 460 oder gleichwertig mit 1 GB VRAM

- **DirectX**: Version 11

- **Speicherplatz**: 5 GB verfügbarer Speicherplatz

Für macOS:

- **Betriebssystem**: macOS 10.9 oder höher

- **Prozessor**: Intel Core i3 oder gleichwertig

- **Arbeitsspeicher**: 4 GB RAM

- **Grafik**: Intel HD Graphics 5000 oder gleichwertig

- **Speicherplatz**: 5 GB verfügbarer Speicherplatz

Empfohlene Systemanforderungen

Für Windows:

- **Betriebssystem:** Windows 10

- **Prozessor**: Intel Core i5 oder gleichwertig

- **Arbeitsspeicher**: 8 GB RAM

- **Grafik**: NVIDIA GeForce GTX 960 oder gleichwertig mit 2 GB VRAM

- **DirectX**: Version 11

- **Speicherplatz**: 5 GB verfügbarer Speicherplatz

Für macOS:

- **Betriebssystem**: macOS 10.12 (Sierra) oder höher

- **Prozessor**: Intel Core i5 oder gleichwertig

- **Arbeitsspeicher**: 8 GB RAM

- **Grafik**: AMD Radeon R9 oder Intel Iris Plus Grafik

- **Speicherplatz**: 5 GB verfügbarer Speicherplatz

Einbauanleitung

Für Windows:

1. **Laden Sie das Spiel herunter**: Besuchen Sie die offizielle Spiele-Website oder Ihre bevorzugte digitale Vertriebsplattform (z. B. Steam, GOG, Epic Games Store) und laden Sie das Installationsprogramm herunter.

2. **Führen Sie das Installationsprogramm aus**: Suchen Sie nach dem Herunterladen die Installationsdatei und doppelklicken Sie, um das Installationsprogramm auszuführen.

3. **Folgen Sie dem Setup-Assistenten**: Der Setup-Assistent führt Sie durch den Installationsprozess. Wählen Sie das

gewünschte Installationsverzeichnis aus und folgen Sie den Anweisungen.

4. **Installation abschließen**: Sobald die Installation abgeschlossen ist, klicken Sie auf "Fertigstellen". Du kannst *Vambrace: Dungeon Monarch jetzt* von deinem Desktop oder Startmenü aus starten.

Für macOS:

1. **Laden Sie das Spiel herunter**: Laden Sie *Vambrace: Dungeon Monarch* aus dem Mac App Store, Steam oder einem anderen digitalen Store herunter, der macOS unterstützt.

2. **Öffnen Sie das Installationsprogramm**: Sobald die Datei heruntergeladen ist, suchen Sie die .dmg Datei und doppelklicken Sie, um sie zu öffnen.

3. **In den Anwendungsordner ziehen**: Ziehe das Symbol des Spiels in den Anwendungsordner. Dadurch wird das Spiel auf Ihrem System installiert.

4. **Starten Sie das Spiel**: Öffnen Sie nach der Installation den Anwendungsordner und klicken Sie auf *Vambrace: Dungeon Monarch,* um mit dem Spielen zu beginnen.

Zusätzliche Hinweise

- **Updates**: Stellen Sie sicher, dass Sie Ihr Spiel auf dem neuesten Stand halten, indem Sie automatische Updates über die von Ihnen gewählte Vertriebsplattform aktivieren,

z. B. Steam. Updates verbessern oft die Leistung von Spielen und führen neue Inhalte ein.

- **Internetverbindung**: Eine Internetverbindung ist für Online-Updates, Multiplayer-Funktionen oder zur Authentifizierung Ihrer Spielkopie erforderlich (abhängig von der verwendeten Plattform).

- **Grafikeinstellungen**: Wenn Leistungsprobleme auftreten, können Sie die Grafikeinstellungen im Spiel (z. B. Auflösung, Texturqualität und Schatten) anpassen, um die Leistung zu verbessern.

Wenn du die Systemvoraussetzungen erfüllst und die Installationsanweisungen befolgst, bist du bereit, dein Abenteuer durch die Welt von *Vambrace: Dungeon Monarch zu beginnen.*

Kapitel 2: Spielmechanik

2.1 Grundlegende Bedienelemente und Schnittstelle

Das Verständnis der grundlegenden Steuerung und der Benutzeroberfläche (UI) in *Vambrace: Dungeon Monarch* ist entscheidend, um die Systeme des Spiels zu beherrschen und deine Dungeon-Crawling-Reise zu einem reibungslosen Erlebnis zu machen. In diesem Abschnitt werden die wichtigsten Steuerelemente, das Layout der Spieloberfläche und die effektive Navigation behandelt.

Grundlegende Steuerelemente

Die Steuerung ist so gestaltet, dass sie sowohl für neue Spieler als auch für erfahrene Veteranen intuitiv ist. Die Steuerung kann nach deinen Vorlieben angepasst werden, aber die Standardeinstellung sorgt für einfaches Spielen beim Erkunden von Dungeons, Kämpfen und Interagieren mit deinen Gruppenmitgliedern.

Für PC (Tastatur und Maus)

- **Uhrwerk**:

    - **W, A, S, D**: Bewegen Sie die Kamera oder Figur in die gewünschte Richtung (vorwärts, rückwärts, links, rechts).

    - **Maus**: Klicke, um den Charakter zu bewegen oder mit Objekten und NPCs zu interagieren.

- o Scrollrad: Vergrößern oder verkleinern Sie die Karte.

- **Interaktion**:

  - o **Linksklick**: Interagiere mit Objekten, Türen, NPCs oder wähle ein Ziel aus.

  - o **Rechtsklick**: Öffne Kontextmenüs oder führe Aktionen für ausgewählte Gegenstände oder Feinde aus.

  - o **E**: Öffne das Spielmenü oder interagiere mit wichtigen Gegenständen in der Umgebung.

  - o **I**: Öffne den Inventarbildschirm für Ausrüstung, Beute und Gegenstände.

- **Kampf**:

  - o **Leertaste**: Beende deinen Zug im Kampf (während taktischer rundenbasierter Kämpfe).

  - o **1, 2, 3 usw.**: Wählen Sie Fähigkeiten aus der Aktionsleiste aus und verwenden Sie sie (die den Zifferntasten zugeordnet sind).

  - o **Linksklick**: Wähle ein Ziel aus oder initiiere einen Angriff/eine Fähigkeit während des Kampfes.

  - o **Tab**: Wechsle zwischen verschiedenen Gruppenmitgliedern, um schnell ihre Fähigkeiten auszuwählen.

- **Kamerasteuerung**:

  - **Pfeiltasten**: Bewegen Sie die Kamera in der Umgebung.

  - **Q und E**: Drehen Sie den Kamerawinkel in bestimmten Umgebungen, um die Sichtbarkeit zu verbessern.

Für Mac (Trackpad oder Maus)

- **Bewegung**: Bewege **deinen Charakter mit dem Trackpad oder** der Maus und navigiere durch den Dungeon oder die Umgebung.

  - **Wischen mit zwei Fingern**: Scrollen Sie durch die Spielumgebung oder zoomen Sie mit einer Pinch-Geste hinein/heraus.

- **Interaktion**:

  - **Linksklick** (oder einmal auf das Trackpad tippen): Interagiere mit Objekten, NPCs oder führe Aktionen wie das Öffnen von Türen und den Zugriff auf Gegenstände aus.

  - **Klicken Sie mit der rechten Maustaste** (oder tippen Sie mit zwei Fingern auf das Trackpad): Öffnen Sie Kontextmenüs oder wählen Sie Aktionen aus.

  - **Befehl + I**: Öffnen Sie das Inventar.

- **Kampf:**

  - ○ **Leertaste:** Beendet den Zug des aktuellen Charakters im taktischen Kampf.

  - ○ **1, 2, 3 usw.:** Drücke die Zifferntasten, um Fähigkeiten zu verwenden, die der Aktionsleiste zugeordnet sind.

  - ○ **Linksklick:** Wähle ein Ziel aus oder initiiere Aktionen während des Kampfes.

- **Kamerasteuerung:**

  - ○ **Pfeiltasten:** Bewegen Sie die Kamera.

  - ○ **Mit zwei Fingern wischen:** Passen Sie den Kamerawinkel an und vergrößern / verkleinern Sie die Kamera.

Benutzeroberfläche (UI)

Die Benutzeroberfläche in *Vambrace: Dungeon Monarch* ist so konzipiert, dass sie den Spieler auf dem Laufenden hält, ohne ihn zu überfordern. Es verfügt über mehrere Schlüsselkomponenten, die während des gesamten Spiels vorhanden sein werden, insbesondere während der Erkundung und des Kampfes. Zu verstehen, wie man sich in der Benutzeroberfläche zurechtfindet, ist entscheidend für ein effizientes Gameplay.

1. Haupt-HUD (Head-Up-Display)

Das Haupt-HUD versorgt Sie während des Spiels mit wichtigen Informationen. Es ist in mehrere Abschnitte unterteilt:

- **Charakterporträts**: Diese Porträts befinden sich oben links auf dem Bildschirm und repräsentieren deine aktiven Gruppenmitglieder. Wenn du auf sie klickst, kannst du ihre Fähigkeiten, Ausrüstung und Werte verwalten. Die Porträts zeigen auch die aktuelle Gesundheit, Ausdauer und Mana jedes Gruppenmitglieds in Echtzeit an.

- **Gesundheits-, Ausdauer- und Manabalken**: Diese werden direkt unter jedem Charakterporträt angezeigt. Sie spiegeln die aktuelle Gesundheit, Ausdauer (für physische Aktionen) und Mana (für magische Fähigkeiten) des Charakters wider.

- **Minikarte**: Die Minikarte befindet sich oben rechts und zeigt eine kleine, verkleinerte Ansicht deines aktuellen Dungeon-Levels. Es werden wichtige Bereiche wie Türen, Beute, Fallen und Sehenswürdigkeiten hervorgehoben.

- **Aktionsleiste**: Die Aktionsleiste befindet sich unten in der Mitte und zeigt die Fähigkeiten, Fertigkeiten und Gegenstände an, die jeder Charakter während seines Zuges verwenden kann. Diese Fähigkeiten können in schnell zugängliche Slots gezogen und durch Drücken der entsprechenden Zifferntasten aktiviert werden.

- **Aktuelles Ziel/Quest-Logbuch**: Dies wird unten links auf dem Bildschirm angezeigt und zeigt das aktuelle Ziel oder die Mission an, an der du gerade arbeitest. Es verfolgt Ihren Fortschritt und gibt hilfreiche Hinweise, wenn Sie sich verlaufen haben oder sich über Ihren nächsten Schritt unsicher sind.

2. Inventar-Bildschirm

Auf dem Inventarbildschirm verwaltest du all deine gesammelten Gegenstände, Ausrüstung und Ressourcen. Es ist in mehrere Registerkarten unterteilt:

- **Ausrüstungs-Tab**: Hier verwaltest du die Waffen, Rüstungen, Accessoires und andere Ausrüstung deiner Charaktere. Rüste deine Charaktere mit den bestmöglichen Gegenständen aus, um ihre Kampfeffektivität und ihre Überlebenschancen im Dungeon zu verbessern.

- **Reiter "Gegenstände und Verbrauchsgegenstände"**: In diesem Abschnitt werden alle Verbrauchsgegenstände angezeigt, die du gesammelt hast, wie z. B. Heiltränke, Stärkungszauber und Handwerksmaterialien.

- **Reiter "Questgegenstände"**: Einige Gegenstände sind direkt mit dem Questfortschritt oder Story-Elementen verknüpft. Diese sind in diesem Reiter zu finden und werden entsprechend gekennzeichnet.

- **Crafting und Upgrades**: Gegenstände können oft im Spiel hergestellt oder verbessert werden. Dieser Reiter zeigt verfügbare Rezepte, Handwerksmaterialien und aufrüstbare Ausrüstung an.

3. Dialog- und Interaktionsmenüs

Wenn du mit NPCs, Objekten oder Ereignissen im Spiel interagierst, stößt du oft auf Pop-up-Menüs für Dialoge, Entscheidungen oder Entscheidungen:

- **Dialogfelder**: Wenn du mit NPCs sprichst, erscheinen ihre Dialoge in einem Feld am unteren Bildschirmrand. Du hast die Möglichkeit, Antworten oder Entscheidungen auszuwählen, die sich auf die Geschichte oder deine Beziehung zu anderen Charakteren auswirken können.

- **Aktionsaufforderungen**: Diese werden angezeigt, wenn du mit Objekten, Beute oder Türen interagierst. Auf dem Bildschirm wird eine Eingabeaufforderung angezeigt, die Ihnen mitteilt, welche Aktionen Sie ausführen können, z. B. "Suchen", "Öffnen", "Verwenden" oder "Untersuchen".

4. Kampf-Interface

Bei taktischen Kämpfen erfährt die Benutzeroberfläche einige Änderungen, um das Kampfsystem widerzuspiegeln:

- **Zugreihenfolge**: Die Zugreihenfolge wird an der Seite des Bildschirms angezeigt und zeigt an, welche Charaktere und Feinde als nächstes an der Reihe sind. Auf diese Weise können Sie Ihre Züge entsprechend strategisch planen.

- **Charakter-Aktionsmenü**: Wenn du während des Kampfes einen Charakter auswählst, wird dir ein Menü mit verfügbaren Aktionen angezeigt: Angriffe, Spezialfähigkeiten und Gegenstände. Jede Option wird übersichtlich angezeigt, so dass Sie Ihren nächsten Schritt leicht planen können.

- **Informationen zur Zielerfassung**: Wenn du einen Angriff auswählst, erscheint eine Zielanzeige, die dir die Reichweite und den Wirkungsbereich der gewählten Aktion deines Charakters anzeigt. Es werden auch alle Buffs oder Debuffs angezeigt, die das Ergebnis beeinflussen könnten.

Zusätzliche UI-Funktionen

- **Tooltips**: Wenn du mit der Maus über bestimmte Gegenstände, Fähigkeiten oder Charaktere in der Benutzeroberfläche fährst, wird ein Tooltip mit detaillierteren Informationen angezeigt, darunter Werte, Effekte und Hintergrundgeschichte.

- **Pause und Menü**: Das Spiel kann jederzeit pausiert werden, sodass Sie auf das Hauptmenü zugreifen, Ihren Fortschritt speichern oder Einstellungen anpassen können. Verwenden Sie die **Esc-Taste** , um das Pausenmenü aufzurufen.

- **Benachrichtigungen**: Wichtige Ereignisse wie das Abschließen von Zielen, das Begegnen von Feinden oder das Finden von Beute werden oben auf dem Bildschirm in einem kleinen Benachrichtigungsfenster angezeigt.

2.2 Bewegung und Interaktion

In *Vambrace: Dungeon Monarch* sind Bewegung und Interaktion Schlüsselkomponenten, die es dir ermöglichen, dich im Dungeon zurechtzufinden, dich mit der Umgebung auseinanderzusetzen und mit verschiedenen Charakteren und Objekten in der Welt zu interagieren. In diesem Abschnitt erfährst du, wie du deine Charaktere durch den Dungeon bewegst, mit der Umgebung interagierst und während deines Abenteuers wichtige Aktionen ausführst.

Mechanik des Uhrwerks

Das Navigieren durch die dunklen, labyrinthischen Korridore des Dungeons ist entscheidend für dein Überleben und deinen Fortschritt. Das Bewegungssystem ist intuitiv und ermöglicht es dir, deine Gruppe zu steuern, während du erkundest, Feinde bekämpfst und Geheimnisse aufdeckst. Hier ist eine Aufschlüsselung, wie Bewegung funktioniert:

1. Bewegung der Charaktere

- **PC (Tastatur und Maus):**

  - **W, A, S, D**: Verwende diese Tasten, um deinen Charakter durch den Dungeon zu bewegen. Sie können vorwärts (W), rückwärts (S), links (A) und rechts (D) navigieren. Die Figur bewegt sich in die Richtung, in die du drückst, während die Kamera der Bewegung der Figur folgt.

  - **Mausbewegung**: Du kannst deinen Charakter auch bewegen, indem du mit der linken Maustaste auf den Boden klickst. Dadurch wird der Charakter an das angeklickte Ziel gesendet. Alternativ kannst du die rechte Maustaste gedrückt halten, um deinen Charakter zu bewegen.

- **Mac (Trackpad oder Maus):**

- ○ **Trackpad-Bewegung**: Wische auf dem Trackpad in eine beliebige Richtung, um deinen Charakter zu bewegen. Ähnlich wie bei der Mausbewegung kannst du mit einem Klick auf das Trackpad oder mit der Maus durch den Dungeon navigieren.

- ○ **Mausbewegung**: Klicke mit der linken Maustaste auf eine beliebige Stelle auf dem Bildschirm, um deinen Charakter an diese Position zu bewegen.

2. Kamerabewegung und -einstellung

- **Maus-Scrollrad**: Verwenden Sie das Maus-Scrollrad, um die Umgebung zu vergrößern und zu verkleinern. Durch das Vergrößern erhalten Sie eine genauere Sicht auf Ihre Umgebung, während Sie durch das Verkleinern eine breitere Perspektive erhalten.

- **Pfeiltasten**: Verwenden Sie die Pfeiltasten, um die Kamera nach links, rechts, oben oder unten zu bewegen.

- **Q- und E-Tasten (oder Zwei-Finger-Wischen auf dem Trackpad):** Diese Tasten oder Gesten drehen den Kamerawinkel und ermöglichen es dir, den Dungeon aus verschiedenen Perspektiven zu betrachten. Diese Funktion ist hilfreich beim Navigieren in Bereichen mit Hindernissen oder beim Versuch, versteckte Wege zu finden.

Interaktion mit Objekten und NPCs

Interaktion ist für den Fortschritt in *Vambrace: Dungeon Monarch von zentraler Bedeutung*, egal ob du Objekte untersuchst, Türen öffnest, mit NPCs sprichst oder Gegenstände von besiegten Feinden plünderst. Im Folgenden finden Sie die grundlegenden Steuerelemente für die Interaktion innerhalb des Spiels.

1. Interaktion mit der Umwelt

Im gesamten Dungeon triffst du auf verschiedene Objekte, Türen, Truhen und Umgebungsmerkmale, die Interaktion erfordern. Diese Interaktionen sind oft entscheidend, um die Geschichte voranzutreiben oder Belohnungen zu erhalten.

- **PC (Tastatur und Maus):**

  - **Linksklick:** Klicken Sie auf Objekte wie Türen, Gegenstände oder Umgebungsauslöser, um mit ihnen zu interagieren. Du kannst zum Beispiel klicken, um eine Truhe zu öffnen oder Beute aufzuheben.

  - **E-Taste:** Durch Drücken der Taste "E" wird mit Objekten in der Nähe interagiert, z. B. mit dem Aufheben von Gegenständen oder dem Aktivieren von Schaltern.

- **Mac (Trackpad oder Maus):**

  - **Linksklick** (oder einmal auf das Trackpad tippen): Klicke auf Objekte oder interagiere mit Objekten in der Umgebung.

  - **Befehl + E:** Drücken Sie diese Kombination, um mit Objekten in der Nähe zu interagieren, z. B. Gegenstände aufzuheben oder Truhen zu öffnen.

2. Plündern und Sammeln von Gegenständen

Wenn du Dungeons erkundest, wirst du auf verschiedene Gegenstände stoßen, die in der Umgebung verstreut sind. Diese können geplündert, aufgesammelt oder verwendet werden, um dir auf deiner Reise zu helfen.

- **Plündern**: Um Gegenstände aus Truhen, Feinden oder der Umgebung zu plündern, klicke einfach mit der linken Maustaste auf das Objekt oder den Feind. Die Gegenstände werden deinem Inventar hinzugefügt und im Benachrichtigungsfenster erscheint eine Nachricht, die die Beute bestätigt.

- **Ressourcensammlung**: Du kannst Ressourcen wie Kräuter, Metalle und andere Handwerksmaterialien sammeln. Diese können verwendet werden, um neue Gegenstände herzustellen oder bestehende Ausrüstung aufzuwerten.

3. Interaktion mit NPCs und Questgebern

NPCs (Non-Player-Charaktere) sind über das gesamte Spiel verstreut und dienen einer Vielzahl von Zwecken, wie z. B. der Bereitstellung von Quests, Überlieferungen oder Gegenständen. Die Interaktion mit NPCs ist oft ein wichtiger Aspekt, um in der Geschichte voranzukommen.

- **Dialog**: Wenn du dich einem NPC näherst, erscheint eine Dialogaufforderung, mit der du ein Gespräch beginnen kannst. Die Dialogoptionen variieren je nach deinen vorherigen Aktionen, Quests und Beziehungen zum NPC.

    - **PC (Tastatur):** Klicke mit der linken Maustaste auf den NPC oder drücke **E**, um ein Gespräch zu beginnen. Verwenden Sie die Pfeiltasten, um durch die Dialogoptionen zu scrollen, und drücken Sie die **Eingabetaste**, um eine Antwort auszuwählen.

- ○ **Mac (Trackpad):** Tippen oder klicken Sie auf den NPC, um den Dialog zu starten. Scrollen Sie mit dem Trackpad durch die Optionen und tippen Sie auf, um Ihre Auswahl zu bestätigen.

- **Quest-Initiierung**: NPCs können dir Nebenquests anbieten oder dir bei primären Story-Zielen helfen. Achte auf den Dialog für wichtige Questmarkierungen oder Ziele. Einige NPCs versorgen dich mit Informationen über den Dungeon und führen dich zu Schlüsselbereichen oder geheimen Orten.

Interaktionen im Kampf

Bei der Erkundung des Dungeons triffst du auf feindliche Feinde. Die Interaktion mit Feinden erfolgt über das Kampfsystem des Spiels, das rundenbasiert ist und strategische Planung erfordert.

- **Zielerfassung**: Um einen Feind anzuvisieren, klicke ihn einfach mit der linken Maustaste an. Dein Charakter bewegt sich in Reichweite und startet je nach Situation einen Angriff oder setzt eine Fähigkeit ein.

- **Fähigkeiten**: Charaktere haben eine Vielzahl von Fähigkeiten, die im Kampf eingesetzt werden können. Diese Fähigkeiten werden der Aktionsleiste am unteren Bildschirmrand zugeordnet. Wähle eine Fähigkeit aus und klicke mit der linken Maustaste auf den Feind, um sie zu verwenden.

- **Verteidigen**: Du kannst auch während des Kampfes mit der Umgebung interagieren, um Schaden zu vermeiden. Du könntest zum Beispiel deinen Charakter in Deckung bringen oder Heilgegenstände verwenden, um die Auswirkungen feindlicher Angriffe abzuschwächen.

Interaktion mit dem Dungeon

Je tiefer du in den Dungeon vordringst, desto mehr Möglichkeiten gibt es, mit verschiedenen Funktionen zu interagieren, die dein Erlebnis verbessern:

- **Türen aufschließen**: Einige Türen im Dungeon sind verschlossen oder erfordern bestimmte Aktionen, um sie zu öffnen. Du musst Schlüssel finden, Rätsel lösen oder Feinde besiegen, um diese Türen zu öffnen und fortzufahren.

- **Geheime Bereiche**: Viele Dungeons sind mit versteckten Räumen und Bereichen gefüllt. Die Interaktion mit bestimmten Objekten, wie z. B. Hebeln oder versteckten Schaltern, kann Geheimgänge offenbaren, die zu Schätzen, mächtigen Gegenständen oder neuen Herausforderungen führen.

Wichtige Interaktionen, die Sie sich merken sollten

- **Untersuchen**: Klicken Sie mit der rechten Maustaste oder verwenden Sie die E-Taste, um Objekte oder Hinweise in der Umgebung zu untersuchen. Dies kann dir helfen, versteckte Gegenstände aufzudecken oder Rätsel zu lösen.

- **Öffnen**: Türen, Truhen und andere Behälter können durch Interaktion mit ihnen geöffnet werden. Für einige Container sind möglicherweise Schlüssel oder spezielle Aktionen zum Entsperren erforderlich.

- **Verwendung**: Bestimmte Gegenstände in deinem Inventar müssen möglicherweise verwendet werden, um voranzukommen, wie z. B. Heiltränke oder Spezialschlüssel.

2.3 Kampf und Fähigkeiten

Die Kämpfe in *Vambrace: Dungeon Monarch* sind ein wesentlicher Bestandteil des Gameplays und bieten ein taktisches, rundenbasiertes System, das die Spieler herausfordert, strategisch zu denken und gleichzeitig die Ressourcen und Fähigkeiten ihrer Gruppe zu verwalten. In diesem Abschnitt erfährst du mehr über die wichtigsten Kampfmechaniken, wie du die Fähigkeiten deiner Charaktere effektiv einsetzt und wie du deine Aktionen in jedem Kampf strategisch planierst.

Übersicht über den Kampf

In *Vambrace: Dungeon Monarch* finden die Kämpfe in rundenbasierten Begegnungen statt, in denen jeder Charakter und Feind abwechselnd Aktionen wie Angriffe, den Einsatz von Fähigkeiten oder die Verwendung von Gegenständen ausführt. Dein Ziel im Kampf ist es, alle Feinde zu besiegen und gleichzeitig die Gesundheit, Ausdauer und Mana deiner Gruppe effizient zu verwalten. Jede Begegnung erfordert eine sorgfältige Abwägung der Positionierung, des Timings und des Einsatzes von Fähigkeiten.

1. Rundenbasiertes Kampfsystem

- **Initiative**: Zu Beginn des Kampfes wird die Reihenfolge der Initiative festgelegt. Diese Reihenfolge gibt die Reihenfolge vor, in der Charaktere und Feinde agieren. Die Reihenfolge der Initiativen kann durch geschwindigkeitsbezogene Werte, Buffs und Debuffs beeinflusst werden.

- **Runden**: In jedem Zug jedes Charakters kannst du verschiedene Aktionen ausführen, wie z. B. angreifen, Zaubersprüche wirken oder Gegenstände verwenden. Du hast eine begrenzte Anzahl von Aktionen pro Runde, abhängig von der Ausdauer und den Fähigkeiten deines Charakters.

- **Aktionspunkte (AP):** Charaktere verwenden Aktionspunkte (AP), um Aktionen im Kampf auszuführen. AP werden verbraucht, wenn Fähigkeiten oder Gegenstände verwendet werden. Sobald alle AP aufgebraucht sind, endet dein Zug und er bewegt sich zum nächsten Charakter oder Feind in der Initiativreihenfolge.

- **Ende des** Zuges: Sobald dein Charakter seine Aktionen abgeschlossen hat, endet der Zug und der nächste Charakter oder Feind ist an der Reihe. Der Kampf wird abwechselnd fortgesetzt, bis eine Seite vollständig besiegt ist.

2. Feinde anvisieren und positionieren

- **Zielauswahl**: Während des Kampfes kannst du einen Feind auswählen, den du anvisieren möchtest, indem du auf ihn klickst. Euer Charakter konzentriert seine Angriffe auf das ausgewählte Ziel, sofern nicht anders angewiesen.

- **Positionierung**: Die strategische Positionierung deiner Charaktere während des Kampfes ist entscheidend. Einige Fähigkeiten haben Reichweitenbeschränkungen, was bedeutet, dass deine Charaktere nah genug an den Feinden sein müssen, um bestimmte Angriffe ausführen zu können. Möglicherweise musst du deine Charaktere neu positionieren, um ihre Angriffsreichweite zu optimieren oder verwundbare Verbündete zu schützen.

- **Sichtlinie**: Bestimmte Fähigkeiten erfordern möglicherweise eine direkte Sichtlinie zum Ziel, was bedeutet, dass Hindernisse oder Feinde zwischen dem Angreifer und dem Ziel deine Fähigkeit zum Angriff oder zum Einsatz von Fernkampffähigkeiten behindern können. Positionieren Sie Ihre Charaktere entsprechend, um solche Probleme zu vermeiden.

Fähigkeiten und Aktionen

Jeder Charakter in *Vambrace: Dungeon Monarch* verfügt über einzigartige Fähigkeiten, die im Kampf eingesetzt werden können. Diese Fähigkeiten sind in Kategorien wie offensive Angriffe, defensive Fähigkeiten, Buffs und Heilzauber unterteilt. Hier ist eine Aufschlüsselung, wie Sie sie verwenden können:

1. Arten von Fähigkeiten

- **Offensive Fähigkeiten**: Dies sind Fähigkeiten, die darauf ausgelegt sind, Gegnern Schaden zuzufügen. Einige dieser Angriffe richten sich gegen ein einzelnes Ziel, während andere Flächenschadensfähigkeiten (AoE) sind, die mehrere Feinde gleichzeitig treffen. Beispiele hierfür sind:

- Automatische Angriffe: Diese Fähigkeiten verursachen moderaten Schaden und haben keine Spezialeffekte.

- Elementarangriffe: Feuer-, Eis- oder Blitzangriffe können zusätzliche Effekte wie Verbrennen, Einfrieren oder Schocken von Gegnern verursachen.

- AoE-Angriffe: Einige Charaktere können Fähigkeiten einsetzen, die mehrere Feinde gleichzeitig treffen, was nützlich ist, wenn man sich Gruppen von Feinden stellt.

- **Defensive Fähigkeiten**: Diese Fähigkeiten schützen deine Gruppe vor feindlichen Angriffen, indem sie entweder den erlittenen Schaden verringern oder Schwächungseffekte abschwächen.

- Abschirmung: Bietet eine temporäre Barriere, die eine bestimmte Menge an Schaden absorbiert.

- Ausweich-Buffs: Erhöht die Chance eines Charakters, eingehenden Angriffen für eine begrenzte Anzahl von Runden auszuweichen.

- **Heilfähigkeiten**: Heilung ist im Kampf entscheidend, besonders bei längeren Kämpfen. Einige Charaktere besitzen Heilzauber, die ihnen selbst oder ihren Verbündeten Gesundheit zurückgeben.

- Heilung eines einzelnen Ziels: Heilt ein einzelnes Gruppenmitglied um eine bestimmte Menge an Gesundheit.

- o **Gruppenheilung**: Heilt alle Gruppenmitglieder innerhalb einer bestimmten Reichweite oder eines bestimmten Bereichs.

- **Buffs und Debuffs**: Viele Fähigkeiten beeinflussen die Werte von Charakteren oder Feinden und verbessern entweder die Leistung deiner Charaktere oder behindern die Feinde.

  - o **Buffs**: Diese Fähigkeiten verbessern die Werte deiner Charaktere, wie z. B. die Erhöhung des Schadensausstoßes, der Bewegungsgeschwindigkeit oder der Verteidigung.

  - o **Schwächungszauber:** Diese Fähigkeiten schwächen die Werte von Gegnern, wodurch sie weniger Schaden verursachen, mehr Schaden erleiden oder andere Effekte wie verminderte Bewegung erleiden.

- **Statuseffekte**: Einige Fähigkeiten verursachen Statuseffekte, die den Kampfverlauf verändern können.

  - o **Gift**: Verursacht Schaden über Zeit.

  - o **Betäubung**: Verhindert, dass das Ziel während seines nächsten Zuges Aktionen ausführt.

  - o **Brennen**: Verursacht Feuerschaden über mehrere Runden.

2. Fähigkeiten im Kampf einsetzen

Fähigkeiten werden deiner Aktionsleiste zugeordnet und können mit den Zifferntasten (1, 2, 3 usw.) aktiviert werden. Hier erfährst du, wie du sie effektiv im Kampf einsetzen kannst:

- **Fähigkeiten auswählen**: Klicke auf das Fähigkeitssymbol in deiner Aktionsleiste oder drücke die entsprechende Zifferntaste, um sie auszuwählen. Die Beschreibung der Fähigkeit wird angezeigt, in der ihre Effekte, ihre Reichweite und ihre Kosten aufgeführt sind.

- **Reichweite**: Einige Fähigkeiten benötigen eine bestimmte Reichweite, um effektiv zu sein. Zum Beispiel können Heilfähigkeiten eine begrenzte Reichweite haben, während Fernkampfangriffe nur funktionieren, wenn der Feind in Sichtweite ist.

- **Abklingzeiten**: Die meisten Fähigkeiten haben eine Abklingzeit, was bedeutet, dass sie erst nach einer bestimmten Anzahl von Runden wieder eingesetzt werden können. Behalte die Abklingzeiten deiner Fähigkeiten im Auge und plane entsprechend.

- **Ressourcenmanagement**: Fähigkeiten verbrauchen oft Ressourcen wie Mana oder Ausdauer. Achte auf die Ressourcen deiner Gruppe und vermeide es, dein gesamtes Mana oder deine Ausdauer zu Beginn eines Kampfes zu verbrauchen. Der effiziente Einsatz von Fähigkeiten kann den Unterschied zwischen Sieg und Niederlage ausmachen.

3. Ultimative Fähigkeiten

Einige Charaktere verfügen über mächtige Fähigkeiten, die das Blatt im Kampf wenden können. Bei diesen ultimativen Fähigkeiten handelt es sich um spielverändernde Moves mit hoher Wirkung, die lange Abklingzeiten haben und in der Regel für kritische Momente reserviert sind.

- **Aktivierung**: Ultimative Fähigkeiten können ausgelöst werden, sobald bestimmte Bedingungen erfüllt sind, z. B. wenn die Gesundheit des Charakters einen bestimmten Schwellenwert erreicht oder eine spezielle Ressourcenanzeige während des Kampfes gefüllt wird.

- **Effekte**: Ultimative Fähigkeiten können massiven Schaden verursachen, mächtige Heilung gewähren oder deiner Gruppe erhebliche Buffs gewähren. Sie können oft alle Feinde auf dem Schlachtfeld betreffen oder den Verlauf des Kampfes erheblich beeinflussen.

Feindliche Fähigkeiten und Taktiken

Du musst nicht nur die Fähigkeiten deiner Gruppe verwalten, sondern auch die Stärken und Taktiken des Feindes kennen. Die Feinde in *Vambrace: Dungeon Monarch* sind mit verschiedenen Fähigkeiten und Strategien ausgestattet, die dich herausfordern, dich anzupassen.

1. Feindliche Angriffe

Feinde verwenden oft Fähigkeiten, die die Fähigkeiten deiner Gruppe widerspiegeln, einschließlich Elementarangriffen, Schwächungszaubern oder Flächeneffektfähigkeiten. Achte auf ihre

Angriffe und plane deine Verteidigung entsprechend. Wenn ein Feind zum Beispiel einen Feuerzauber wirkt, solltest du Fähigkeiten einsetzen, die Widerstand gegen Feuerschaden gewähren.

2. Bosskämpfe

Bosse haben oft besondere Fähigkeiten, die einzigartige Strategien erfordern, um zu kontern. Diese Kämpfe sind schwieriger als normale Begegnungen und erfordern möglicherweise, dass du Schwächen ausnutzt oder bestimmte Taktiken anwendest, um als Sieger hervorzugehen.

- **Ausnutzung von Schwächen**: Einige Bosse haben Schwächen durch Elementar- oder Statuseffekte. Setze die Fähigkeiten deiner Charaktere strategisch ein, um diese Schwächen auszunutzen.

- **Phasen**: Viele Bosse haben mehrere Phasen, in denen sie ihr Verhalten, ihre Angriffsmuster oder Fähigkeiten ändern. Seien Sie auf Veränderungen während dieser Übergänge vorbereitet und passen Sie Ihre Strategie entsprechend an.

Kampftipps und -strategien

- **Positionierung**: Halte deine Charaktere immer in optimalen Positionen. Tanks und Nahkämpfer sollten vorne sein, um Schaden zu absorbieren, während Fernkampfcharaktere und Heiler hinten positioniert sein sollten, um das Team zu unterstützen.

- **Gegner schwächen**: Setze Schwächungszauber ein, um Gegner zu schwächen, bevor du deinen vollen Angriff startest. Wenn du ihren Schadensausstoß reduzierst oder sie anfälliger für Angriffe machst, kann dein Team länger überleben.

- **Ressourcenmanagement**: Setze nicht alle deine Fähigkeiten auf einmal ein. Verwalte die Ausdauer und das Mana deiner Gruppe mit Bedacht und stelle sicher, dass du genügend Ressourcen für längere Kämpfe hast.

- **Rundenplanung**: Nimm dir die Zeit, deine Schwünge sorgfältig zu planen. Wenn deine Charaktere nur über begrenzte AP verfügen, entscheide, welche Fähigkeiten für die Situation am wichtigsten sind.

2.4 Spielmodi und Einstellungen

Vambrace: Dungeon Monarch bietet verschiedene Spielmodi und Einstellungen, um verschiedenen Spielstilen gerecht zu werden, sodass du das Spiel auf eine Art und Weise erleben kannst, die deinen Vorlieben entspricht. In diesem Abschnitt erfahren Sie mehr über die verschiedenen verfügbaren Modi, Anpassungsoptionen und darüber, wie Sie die Spieleinstellungen anpassen können, um Ihr Spielerlebnis zu verbessern.

Spielmodi

Vambrace: Dungeon Monarch bietet mehrere Spielmodi, von denen jeder eine besondere Herausforderung und ein fesselndes Erlebnis bietet. Wenn du diese Modi verstehst, kannst du deine Herangehensweise an das Spiel anpassen und dein Gameplay während deiner gesamten Reise spannend halten.

1. Story-Modus

- **Überblick**: Der Story-Modus ist das Kernerlebnis von *Vambrace: Dungeon Monarch* und konzentriert sich auf die erzählerische Reise durch die Dungeons. Die Spieler begeben sich auf eine Quest, um das unterirdische Labyrinth zu erkunden, sich mächtigen Feinden zu stellen und die tiefgründige Geschichte der Spielwelt aufzudecken.

- **Gameplay**: In diesem Modus kannst du in deinem eigenen Tempo durch die Haupthandlung vorankommen, mit einem stetigen Strom von Quests, Charakterinteraktionen und storygetriebenen Ereignissen. Das Kampfsystem im Story-Modus ist für ein zugänglicheres Erlebnis ausbalanciert und bietet den Spielern einen reibungsloseren Einstieg in die Spielmechanik.

- **Schwierigkeit**: Der Schwierigkeitsgrad im Story-Modus ist einstellbar, was ihn zu einer großartigen Wahl für neue Spieler macht, die das Spiel erkunden möchten, ohne von harten Feinden oder komplizierten Mechaniken überwältigt zu werden. Du kannst die Schwierigkeitseinstellungen jederzeit anpassen, um die perfekte Herausforderung zu finden.

2. Hardcore-Modus

- **Überblick**: Der Hardcore-Modus bietet eine viel größere Herausforderung für Spieler, die ein schwierigeres und anspruchsvolleres Erlebnis suchen. In diesem Modus treffen die Spieler auf stärkere Feinde, weniger Ressourcen und strengere Überlebensbedingungen. Es wurde für Spieler entwickelt, die auf der Suche nach einem Hardcore-Erlebnis sind, das sowohl ihr strategisches Denken als auch ihre Fähigkeiten im Ressourcenmanagement auf die Probe stellt.

- **Gameplay**: Im Hardcore-Modus steht mehr auf dem Spiel, da Charaktere dauerhaft verloren gehen können, wenn sie im Kampf fallen, was jede Entscheidung entscheidend macht. Die Spielwelt verzeiht in diesem Modus weniger viel, mit begrenzten Heilungsmöglichkeiten und weniger Speicherpunkten. Strategische Planung und die Beherrschung der Kampfmechanik sind unerlässlich, um zu überleben.

- **Schwierigkeitsgrad**: Die Feinde sind härter, das Verhalten der KI ist aggressiver und die Herausforderungen des Dungeons sind so gestaltet, dass sie die Spieler auf Trab halten. Der Hardcore-Modus wird für Spieler empfohlen, die das Spiel mindestens einmal abgeschlossen haben, oder für diejenigen, die ein höheres Maß an Herausforderung lieben.

3. Endloser Dungeon-Modus

- **Überblick**: Der Endlos-Dungeon-Modus ist ein alternativer Spielmodus, der den Fokus vom Story-Fortschritt auf ein unendliches Dungeon-Erkundungserlebnis verlagert. Die Spieler steigen in prozedural generierte Dungeon-Etagen hinab und sehen sich Wellen von immer schwierigeren Feinden gegenüber, während sie versuchen, so lange wie möglich zu überleben.

- **Gameplay**: In diesem Modus gibt es kein Endziel oder eine Erzählung, der man folgen kann. Stattdessen müssen die Spieler versuchen, so weit wie möglich voranzukommen, während sie Ressourcen verwalten und ihre Charaktere verbessern. Der Endlos-Dungeon-Modus bietet zufällig generierte Dungeon-Layouts, Begegnungen mit Feinden und Beute und bietet jedes Mal eine neue Herausforderung, wenn du spielst.

- **Schwierigkeitsgrad**: Dieser Modus ist je nach Leistung skalierbar, wobei jedes Stockwerk nach und nach schwieriger wird. Es ist ein großartiger Modus für Spieler, die den Wiederspielwert genießen und ihre Strategie für immer schwierigere Kämpfe optimieren möchten.

4. Neues Spiel+

- **Überblick**: Nach Abschluss der Hauptgeschichte in *Vambrace: Dungeon Monarch* ermöglicht New Game+ den Spielern, das Spiel mit zusätzlichen Herausforderungen und Vorteilen erneut zu spielen. Die Charaktere behalten einen Teil ihres Fortschritts aus dem ursprünglichen Spieldurchgang bei, und der Schwierigkeitsgrad steigt dadurch.

- **Gameplay**: In New Game+ behältst du deine verbesserten Waffen, Fähigkeiten und Gegenstände aus deinem ersten Spieldurchgang. Die Feinde sind jedoch härter und du wirst auf herausforderndere Mechaniken stoßen, wenn das Spiel höhere Schwierigkeitsgrade und neue Feindtypen einführt. Es ist der perfekte Modus für Spieler, die das Spiel mit einer erhöhten Herausforderung und stärkeren Feinden noch einmal erleben möchten.

- **Schwierigkeitsgrad**: New Game+ erhöht den Einsatz und gibt erfahrenen Spielern die Möglichkeit, sich in einem noch schwierigeren Abenteuer herauszufordern, oft mit neuen Ereignissen oder geheimen Bereichen, die im ersten

Durchlauf nicht vorhanden sind.

Spieleinstellungen

Zusätzlich zu den verschiedenen Spielmodi *bietet Vambrace: Dungeon Monarch* zahlreiche Einstellungen, mit denen du das Spielerlebnis nach deinen Vorlieben anpassen kannst. Egal, ob du die Leistung des Spiels optimierst, die Barrierefreiheitsfunktionen anpasst oder die Steuerungseinstellungen optimierst, hier findest du eine Übersicht über die verfügbaren Einstellungen.

1. Grafik-Einstellungen

- **Auflösung**: Passe die Auflösung des Spiels an die Fähigkeiten deines Monitors an. Höhere Auflösungen sorgen für eine bessere visuelle Wiedergabetreue, können aber auch leistungsfähigere Hardware erfordern, um reibungslos zu funktionieren.

- **Grafikqualität**: Wählen Sie zwischen niedrigen, mittleren, hohen oder ultra-Einstellungen, um visuelle Qualität und Leistung in Einklang zu bringen. Höhere Einstellungen verbessern Texturen, Beleuchtung und Umgebungseffekte, aber niedrigere Einstellungen können für eine flüssigere Leistung auf PCs der unteren Preisklasse erforderlich sein.

- **V-Sync**: Schalten Sie die vertikale Synchronisierung um, um Bildschirmrisse zu verhindern und ein flüssigeres visuelles Erlebnis zu gewährleisten. Durch die Aktivierung von V-Sync wird die Bildrate an die Bildwiederholfrequenz Ihres Monitors gebunden, um visuelle Inkonsistenzen bei sich schnell bewegenden Szenen zu vermeiden.

- **Anti-Aliasing**: Anti-Aliasing reduziert gezackte Kanten in der Grafik des Spiels. Sie können den Grad des Antialiasings anpassen, um visuelle Artefakte zu reduzieren und gleichzeitig die Leistung auszugleichen.

- **Vollbild-/Fenstermodus**: Wählen Sie zwischen Vollbild- oder Fenstermodus, je nach Ihren Vorlieben für Bildschirmfläche und Multitasking. Der Vollbildmodus bietet ein intensiveres Erlebnis, während der Fenstermodus das Wechseln zwischen Programmen erleichtert.

2. Audio-Einstellungen

- **Musiklautstärke**: Passen Sie die Lautstärke des Soundtracks im Spiel an. Das Verringern der Musiklautstärke kann hilfreich sein, wenn Sie sich mehr auf Umgebungsgeräusche oder Sprachausgabe konzentrieren möchten.

- **Lautstärke der Soundeffekte**: Steuere die Lautstärke aller Soundeffekte, wie z. B. Kampfgeräusche, Umgebungsgeräusche und Charakteraktionen. Es ist nützlich, um das Erlebnis zu verfeinern und überwältigende Soundeffekte während der Kämpfe zu vermeiden.

- **Sprachlautstärke**: Passen Sie die Lautstärke von Voiceovers und Charakterdialogen an. Diese Einstellung ist besonders nützlich für Spieler, die die Erzählung des Spiels klarer erleben möchten.

- **Alle stummschalten**: Ein schneller Schalter, um alle Audiodaten stummzuschalten, wenn Sie lieber in Stille spielen oder Ihre eigene Musik hören möchten.

3. Steuerungs-Einstellungen

- **Tastenzuordnung**: Passen Sie die Tastenbelegungen für Ihre Tastatur oder Ihren Controller an. Sie können die Tasten neu zuweisen, um sie an Ihren Spielstil anzupassen oder den Anforderungen an die Barrierefreiheit gerecht zu werden.

- **Controller-Unterstützung**: Wenn du mit einem Gamepad oder Controller spielst, kannst du Controller-spezifische Einstellungen anpassen. Das Spiel erkennt beliebte Controller automatisch, aber Sie können die Tastenlayouts für Komfort und Bequemlichkeit anpassen.

- **Mausempfindlichkeit**: Passen Sie die Empfindlichkeit der Maus an, um präziser zu zielen oder flüssigere Bewegungen zu erzielen. Dies ist besonders wichtig für die Verwaltung der Kamera des Spiels und die Interaktion mit der Umgebung.

4. Gameplay-Einstellungen

- **Schwierigkeit**: Die Schwierigkeitseinstellungen können während des Spiels jederzeit angepasst werden. Wählen Sie zwischen leicht, normal, schwer oder einem benutzerdefinierten Schwierigkeitsgrad, je nachdem, wie herausfordernd das Spiel sein soll.

- **Kampfgeschwindigkeit**: Passe die Geschwindigkeit von Kampfanimationen und Kampfsequenzen an. Du kannst die Zeit, die für die Ausführung von Angriffen benötigt wird, beschleunigen oder verlangsamen, was dazu beitragen kann, Begegnungen zu optimieren oder die Kämpfe wirkungsvoller zu gestalten.

- **Automatisches Speichern**: Aktivieren oder deaktivieren Sie das automatische Speichern zu bestimmten Zeitpunkten während des Spiels. Mit dieser Einstellung kannst du steuern, wann dein Fortschritt automatisch gespeichert wird, was nützlich sein kann, um den Verlust des Fortschritts bei langen Dungeon-Durchläufen zu verhindern.

- **Tutorial-Hinweise**: Schaltet die Tutorial-Hinweise ein oder aus, die Anleitungen zu Spielmechaniken, Kämpfen und Charakterfähigkeiten bieten. Diese Hinweise können neuen Spielern helfen, aber erfahrene Spieler ziehen es vielleicht vor, sie zu deaktivieren, um das Spielerlebnis zu optimieren.

Funktionen zur Barrierefreiheit

Vambrace: Dungeon Monarch enthält mehrere Zugänglichkeitsoptionen, um sicherzustellen, dass Spieler aller Fähigkeiten das Spiel genießen können.

- **Untertitel**: Aktivieren oder deaktivieren Sie Untertitel für Charakterdialoge. Sie können auch die Größe und den Stil des Textes anpassen, um die Lesbarkeit zu verbessern.

- **Farbenblinden-Modus**: Aktiviere den Farbenblind-Modus, um die Farbschemata des Spiels an verschiedene Arten von Farbsehschwächen anzupassen. Dadurch wird sichergestellt, dass visuelle Hinweise und Gameplay-Elemente auch für Spieler mit Farbenblindheit zugänglich bleiben.

- **Text-to-Speech**: Aktivieren Sie die Text-to-Speech-Option für Dialog- und Erzählabschnitte des Spiels, sodass der Text des Spiels vom System vorgelesen werden kann.

Kapitel 3: Charakterklassen und Rollen

3.1 Überblick über Zeichenklassen

In *Vambrace: Dungeon Monarch* sind die Charaktere in mehrere verschiedene Klassen unterteilt, jede mit ihren eigenen Spezialfähigkeiten, Kampftaktiken und Rollen in der Gruppe. Diese Klassen können von Frontkämpfern bis hin zu unterstützenden Zauberern reichen, und jede ist so konzipiert, dass sie zu unterschiedlichen Kampf- und Erkundungsstilen passt.

Krieger

- **Rolle**: Tank / Nahkampf-DPS

- **Beschreibung**: Der Krieger ist das Rückgrat eines jeden Teams und zeichnet sich im direkten Kampf aus. Mit ihrer hohen Gesundheit und ihren starken Verteidigungsfähigkeiten können Krieger die Hauptlast feindlicher Angriffe einstecken, während sie im Nahkampf moderaten Schaden verursachen. Ihre Aufgabe besteht in erster Linie darin, schwächere Teamkameraden zu beschützen und Feinde frontal anzugreifen.

Bogenschütze

- **Rolle**: Fernkampf-DPS / Unterstützung

- **Beschreibung**: Der Bogenschütze ist auf den Fernkampf spezialisiert und verursacht erheblichen Schaden aus der Ferne. Bogenschützen sind wohl eine der vielseitigsten Klassen und können hohen Einzelzielschaden verursachen oder Flächenschadensfähigkeiten (AoE) einsetzen, um mehrere Feinde zu treffen. Sie können auch Statuseffekte wie Gift oder Verlangsamung auf Feinde anwenden. Bogenschützen sind ideal, um Feinde vor dem Hauptangriff weichzumachen.

Magier

- **Rolle**: Fernkampf-DPS / Unterstützung / Massenkontrolle

- **Beschreibung**: Der Magier verfügt über mächtige Magie, um die Elemente zu manipulieren und das Schlachtfeld zu kontrollieren. Magier können Zauber wirken, die schweren Schaden verursachen, Verbündete heilen oder Gegnern schwächende Statuseffekte zufügen. Obwohl sie in Bezug auf ihre physische Verteidigung schwach sind, kompensieren sie dies mit ihrer Fähigkeit, aus der Ferne anzugreifen und den Kampffluss mit AoE- und Debuff-Zaubern zu kontrollieren.

Heiler

- **Rolle**: Support / Dienstprogramm

- **Beschreibung**: Der Heiler ist unerlässlich, um das Team in harten Kämpfen zu unterstützen, indem er wiederherstellende Magie einsetzt, um Verbündete zu heilen, Schwächungszauber zu entfernen und

Stärkungszauber zu gewähren. Obwohl ihre offensiven Fähigkeiten begrenzt sind, zeichnen sich Heiler dadurch aus, dass sie die Gruppe am Leben halten und Ausdauer und Mana in längeren Kämpfen aufrechterhalten. Die Klasse ist ein Muss für die ausgedehnte Erkundung von Dungeons.

Attentäter

- **Rolle**: Tarnung / Hoher Burst-Schaden

- **Beschreibung**: Assassinen sind wendig und verstohlen und nutzen schnelle, schadensstarke Angriffe, um Feinde auszuschalten, bevor sie zurückschlagen können. Sie haben oft Fähigkeiten, die es ihnen ermöglichen, aus dem Schatten heraus Schaden zu verursachen oder Feinde mit Statuseffekten wie Betäubung oder Stille außer Gefecht zu setzen. Ihre Aufgabe ist es, entschlossen zuzuschlagen, entweder Ziele mit hoher Priorität auszuschalten oder feindliche Zauberwirker und Heiler außer Gefecht zu setzen.

Panzer

- **Rolle**: Defensivspezialist

- **Beschreibung**: Tanks sind Charaktere, die sich darauf spezialisiert haben, Schaden zu absorbieren und zerbrechliche Teamkameraden zu beschützen. Mit hohen defensiven Werten und Fähigkeiten, die Feinde verspotten oder eingehenden Schaden reduzieren, ermöglichen Panzer dem Rest des Teams, sich auf die Offensive zu konzentrieren, während sie die Kontrolle über das Schlachtfeld behalten. Sie sind entscheidend, um sich mit harten Bossen oder großen Gruppen von Feinden auseinanderzusetzen.

3.2 Stärken und Schwächen der einzelnen Klassen

Jede Charakterklasse in *Vambrace: Dungeon Monarch* bietet unterschiedliche Vorteile, bringt aber auch ihre eigenen Herausforderungen mit sich. Die Stärken und Schwächen jeder Klasse zu verstehen, ist der Schlüssel zum Aufbau einer ausgewogenen Gruppe.

Krieger

- **Stärken**:

    - Hohe Gesundheit und Verteidigung

    - Kann konstanten Nahkampfschaden verursachen

    - Fähigkeit, die Aufmerksamkeit des Feindes auf sich zu ziehen und zerbrechliche Teamkameraden zu schützen

    - Zuverlässig in anhaltenden Gefechtssituationen

- **Schwächen**:

    - Begrenzte Fernkampfangriffe

    - Langsamere Angriffsgeschwindigkeit im Vergleich zu agileren Klassen

- Abhängig von der Positionierung und kann in Umgebungen mit schlechtem Gelände Schwierigkeiten haben

Bogenschütze

- **Stärken:**

  - Hohes Schadenspotenzial aus der Ferne

  - Kann Flächenschaden verursachen oder Gegner mit Statuseffekten schwächen.

  - Agil und kann schnell neu positioniert werden

  - Sie sind oft in der Lage, anzugreifen, ohne sich selbst in Gefahr zu bringen

- **Schwächen:**

  - Zerbrechlich mit geringerer Gesundheit und Abwehr

  - Beruht auf der Positionierung; Schlechte Mobilität kann die Wirksamkeit verringern

  - Verwundbar in Nahkampfszenarien

Magier

- **Stärken:**

- Mächtige magische Fernkampfangriffe, die hohen Schaden verursachen

- Kann Menschenmengen mit Debuffs oder AoE-Zaubern kontrollieren

- Kann Verbündete stärken oder heilen, wenn nötig

- Hervorragend geeignet für die taktische Manipulation des Schlachtfeldes

- **Schwächen:**

  - Sehr geringe körperliche Abwehr und Gesundheit

  - Ist stark auf Mana angewiesen, das schnell aufgebraucht werden kann

  - Kann Schwierigkeiten haben, wenn Feinde die Distanz verringern und sie in den direkten Kampf zwingen

Heiler

- **Stärken:**

  - Unerlässlich, um das Team am Leben und am Leben zu erhalten

  - Starke Heil- und Unterstützungsfähigkeiten

  - Kann negative Statuseffekte und Debuffs entfernen

- Hat oft Fähigkeiten, um die Gruppenverteidigung zu erhöhen oder den Schadensausstoß zu verstärken

- **Schwächen**:

  - Geringe offensive Fähigkeiten und schwach im direkten Kampf

  - Relativ zerbrechlich und leicht von Feinden überwältigt

  - Muss in Schlüsselmomenten zwischen Heilung und Manaeinsparung ausbalancieren

Attentäter

- **Stärken**:

  - Hervorragender Burst-Schaden und hohes Einzelzielpotenzial

  - Stealth-Fähigkeiten ermöglichen Überraschungsangriffe und strategische Positionierungen

  - Kann die Effektivität von Gegnern mit Statuseffekten deaktivieren oder verringern

  - Sehr schnell und wendig, in der Lage, schnell einzurasten und sich zurückzuziehen

- **Schwächen**:

- Geringe Gesundheit und Verteidigung; Verwundbar, wenn sie überrascht werden

- Erfordert präzises Timing, um die Effektivität zu maximieren

- Kann gegen Gegner mit hoher Resistenz gegen Tarnung oder Debuffs kämpfen

Panzer

- **Stärken:**

    - Hohe Haltbarkeit und Fähigkeit, große Mengen an Schäden zu absorbieren

    - Kann Feinde kontrollieren und ihre Aufmerksamkeit auf sich ziehen

    - Verfügt oft über Fähigkeiten, um Verbündete zu schützen oder zu stärken, was zusätzlichen Schutz bietet

    - Hervorragend, um die Aufmerksamkeit von schwächeren Charakteren abzulenken

- **Schwächen:**

    - Eingeschränkte offensive Fähigkeiten

    - Oft langsamer und weniger mobil als andere Klassen

- Beruht auf der Positionierung und kann gegen Fernkampf- oder magische Angriffe wirkungslos sein

3.3 Anpassung und Fortschritt

Jede Charakterklasse in *Vambrace: Dungeon Monarch* bietet unterschiedliche Vorteile, bringt aber auch ihre eigenen Herausforderungen mit sich. Die Stärken und Schwächen jeder Klasse zu verstehen, ist der Schlüssel zum Aufbau einer ausgewogenen Gruppe.

Krieger

- **Stärken**:

  - Hohe Gesundheit und Verteidigung

  - Kann konstanten Nahkampfschaden verursachen

  - Fähigkeit, die Aufmerksamkeit des Feindes auf sich zu ziehen und zerbrechliche Teamkameraden zu schützen

  - Zuverlässig in anhaltenden Gefechtssituationen

- **Schwächen**:

  - Begrenzte Fernkampfangriffe

  - Langsamere Angriffsgeschwindigkeit im Vergleich zu agileren Klassen

- Abhängig von der Positionierung und kann in Umgebungen mit schlechtem Gelände Schwierigkeiten haben

Bogenschütze

- **Stärken:**

  - Hohes Schadenspotenzial aus der Ferne

  - Kann Flächenschaden verursachen oder Gegner mit Statuseffekten schwächen.

  - Agil und kann schnell neu positioniert werden

  - Sie sind oft in der Lage, anzugreifen, ohne sich selbst in Gefahr zu bringen

- **Schwächen:**

  - Zerbrechlich mit geringerer Gesundheit und Abwehr

  - Beruht auf der Positionierung; Schlechte Mobilität kann die Wirksamkeit verringern

  - Verwundbar in Nahkampfszenarien

Magier

- **Stärken:**

- Mächtige magische Fernkampfangriffe, die hohen Schaden verursachen

- Kann Menschenmengen mit Debuffs oder AoE-Zaubern kontrollieren

- Kann Verbündete stärken oder heilen, wenn nötig

- Hervorragend geeignet für die taktische Manipulation des Schlachtfeldes

- **Schwächen**:

  - Sehr geringe körperliche Abwehr und Gesundheit

  - Ist stark auf Mana angewiesen, das schnell aufgebraucht werden kann

  - Kann Schwierigkeiten haben, wenn Feinde die Distanz verringern und sie in den direkten Kampf zwingen

Heiler

- **Stärken**:

  - Unerlässlich, um das Team am Leben und am Leben zu erhalten

  - Starke Heil- und Unterstützungsfähigkeiten

  - Kann negative Statuseffekte und Debuffs entfernen

- Hat oft Fähigkeiten, um die Gruppenverteidigung zu erhöhen oder den Schadensausstoß zu verstärken

- **Schwächen:**

  - Geringe offensive Fähigkeiten und schwach im direkten Kampf

  - Relativ zerbrechlich und leicht von Feinden überwältigt

  - Muss in Schlüsselmomenten zwischen Heilung und Manaeinsparung ausbalancieren

Attentäter

- **Stärken:**

  - Hervorragender Burst-Schaden und hohes Einzelzielpotenzial

  - Stealth-Fähigkeiten ermöglichen Überraschungsangriffe und strategische Positionierungen

  - Kann die Effektivität von Gegnern mit Statuseffekten deaktivieren oder verringern

  - Sehr schnell und wendig, in der Lage, schnell einzurasten und sich zurückzuziehen

- **Schwächen:**

- Geringe Gesundheit und Verteidigung; Verwundbar, wenn sie überrascht werden

- Erfordert präzises Timing, um die Effektivität zu maximieren

- Kann gegen Gegner mit hoher Resistenz gegen Tarnung oder Debuffs kämpfen

Panzer

- **Stärken**:

  - Hohe Haltbarkeit und Fähigkeit, große Mengen an Schäden zu absorbieren

  - Kann Feinde kontrollieren und ihre Aufmerksamkeit auf sich ziehen

  - Verfügt oft über Fähigkeiten, um Verbündete zu schützen oder zu stärken, was zusätzlichen Schutz bietet

  - Hervorragend, um die Aufmerksamkeit von schwächeren Charakteren abzulenken

- **Schwächen**:

  - Eingeschränkte offensive Fähigkeiten

  - Oft langsamer und weniger mobil als andere Klassen

- Beruht auf der Positionierung und kann gegen Fernkampf- oder magische Angriffe wirkungslos sein

3.4 Die richtige Klasse für deinen Spielstil wählen

Bei der Auswahl einer Klasse in *Vambrace: Dungeon Monarch* ist es wichtig zu überlegen, wie du am liebsten an den Kampf, die Erkundung und die Gruppenzusammenstellung herangehst.

Für aggressive Spielstile:

Wenn du den direkten Kampf liebst und den Kampf gegen deine Feinde austrägst, könnten Klassen wie der **Krieger**, **der Assassine** oder der **Bogenschütze** genau das Richtige für dich sein. Der Krieger ermöglicht es dir, Schaden zu widerstehen, während du Feinde direkt angreifst, während der Assassine und der Bogenschütze ein hohes Schadenspotenzial aus der Ferne bieten.

Für taktische und unterstützende Spielstile:

Wenn du es vorziehst, das Schlachtfeld zu kontrollieren und deine Verbündeten zu unterstützen, ist der **Magier**, **Heiler** oder **Tank** vielleicht eher dein Stil. Der Magier kann mit mächtigen Zaubersprüchen das Tempo des Kampfes bestimmen, während der Heiler dafür sorgt, dass dein Team in harten Kämpfen am Leben bleibt. Der Panzer ist ideal, um Teamkameraden zu schützen und die Kontrolle über das Schlachtfeld zu behalten.

Für ausgewogene Spielstile:

Wenn du ein abgerundetes Erlebnis mit Vielseitigkeit bevorzugst, solltest du Klassen wie den **Bogenschützen** oder **den Tank in Betracht ziehen**. Beide Klassen sorgen für ein Gleichgewicht zwischen Angriff und Verteidigung, so dass du dich an verschiedene Situationen und Spielstile anpassen kannst.

Kapitel 4: Waffen und Ausrüstung

4.1 Arten von Waffen und ihre Verwendung

Die Waffen in *Vambrace: Dungeon Monarch* variieren in Stil und Funktion und bieten in verschiedenen Kampfsituationen deutliche Vorteile. Die Wahl der richtigen Waffe für deinen Charakter kann deine Leistung im Kampf erheblich beeinflussen.

Nahkampfwaffen

- **Schwerter**: Schwerter sind ideal für den Nahkampf und bieten eine ausgewogene Kombination aus Geschwindigkeit und Kraft. Sie können moderaten Schaden verursachen und ermöglichen es dem Benutzer, schnell zuzuschlagen. Perfekt für Krieger oder jede Klasse, die Feinde auf engstem Raum bekämpfen möchte.

- **Äxte**: Äxte sind langsamer als Schwerter, verursachen aber mehr Schaden pro Treffer. Sie sind perfekt für Spieler, die schwere Treffer bevorzugen, um die feindliche Verteidigung zu durchbrechen. Wird oft von Kriegern oder Panzern wegen ihrer rohen Kraft bevorzugt.

- **Dolche**: Schnell und präzise, werden Dolche häufig von Assassinen und anderen agilen Charakteren verwendet. Sie ermöglichen schnelle Schläge und sind effektiv bei der Austeilung von hohem Burst-Schaden. Darüber hinaus verfügen Dolche oft über Fähigkeiten, die die Tarnung oder kritische Treffer verbessern.

Fernkampfwaffen

- **Bögen**: Bögen bieten effektive Kämpfe auf große Entfernung, was sie ideal für Bogenschützen macht. Sie ermöglichen es den Spielern, Feinde aus der Ferne anzugreifen und erheblichen Schaden zu verursachen, ohne sich selbst in Gefahr zu bringen. Viele Bögen sind mit speziellen Pfeilen ausgestattet, die Elementarschaden verursachen oder Gegner schwächen.

- **Armbrüste**: Armbrüste sind eine schwerere Version des Bogens und neigen dazu, bei langsamerer Nachladegeschwindigkeit mehr Schaden zu verursachen. Sie eignen sich hervorragend, um einzelnen Zielen großen Schaden zuzufügen, insbesondere in Situationen, in denen Präzision wichtiger ist als Geschwindigkeit.

- **Wurfwaffen**: Wurfmesser, Shuriken und andere Projektile eignen sich perfekt für schnelle Fernkampfangriffe. Diese Waffen werden oft von Assassinen verwendet, um aus der Ferne Schaden zu verursachen, ohne ihre Position preiszugeben.

Magische Utensilien

- **Zauberstäbe**: Zauberstäbe sind für Magier unerlässlich, da sie es ihnen ermöglichen, Zauber zu kanalisieren und Magie zu wirken. Verschiedene Zauberstäbe haben unterschiedliche Effekte, von erhöhter Zaubermacht bis hin zu schnellerer Manaregeneration und sind ein unverzichtbares Werkzeug für jeden Zauberwirker.

- **Stäbe**: Stäbe funktionieren ähnlich wie Zauberstäbe, haben aber tendenziell eine größere Haltbarkeit und eine höhere magische Kraft. Magier, die sich auf Massenkontrolle oder große AoE-Zauber (Area of Effect) konzentrieren, bevorzugen oft Stäbe.

4.2 Panzerung und Schutzausrüstung

Die Rüstung spielt eine entscheidende Rolle beim Schutz deiner Charaktere und ermöglicht es ihnen, die gefährlichen Dungeons von *Vambrace: Dungeon Monarch zu überleben*. Rüstungssets variieren in Gewicht, Verteidigung und Spezialfähigkeiten und sollten sorgfältig basierend auf der Rolle und dem Spielstil deines Charakters ausgewählt werden.

Leichte Rüstung

- **Beschreibung**: Leichte Rüstung bietet eine Balance zwischen Schutz und Beweglichkeit. Leichte Rüstungen, die normalerweise von Klassen wie Bogenschützen und Assassinen verwendet werden, erhöhen die Mobilität und das Ausweichen und bieten gleichzeitig moderaten Schutz. Es ermöglicht den Charakteren, sich schnell zu bewegen und Angriffen effektiver auszuweichen.

- **Beispiele**: Lederrüstungen, Kapuzenumhänge und gepolsterte Gewänder.

Schwere Rüstung

- **Beschreibung**: Schwere Panzerung bietet den höchsten Schutz, verringert aber die Beweglichkeit und Geschwindigkeit des Trägers. Diese Art von Rüstung wird in der Regel von Kriegern und Tanks bevorzugt, die Schaden absorbieren und Feinde in Schach halten müssen. Schwere Rüstung bietet zwar eine hervorragende Verteidigung, kann Charaktere aber anfällig für Statuseffekte wie langsames oder reduziertes Ausweichen machen.

- **Beispiele**: Plattenpanzer, Stahlhelme und schwere Stulpenhandschuhe.

Magische Rüstung

- **Beschreibung**: Magische Rüstung verbessert die Fähigkeit des Trägers, Elementarschaden und magischen Angriffen zu widerstehen. Magische Rüstungen werden oft von Magiern oder allen verwendet, die mächtigen magischen Feinden gegenüberstehen, und können Buffs wie erhöhte Resistenz gegen Feuer, Eis oder andere Elementarkräfte gewähren. Diese sind nicht so effektiv gegen physischen Schaden, bieten aber einen großen Schutz vor magischen Angriffen.

- **Beispiele**: Verzauberte Roben, Manaumhänge und Schutzringe.

4.3 Sammlerstücke und Ressourcen

Auf deinen Abenteuern triffst du auf zahlreiche sammelbare Gegenstände und Ressourcen, die für das Herstellen, Aufrüsten und Handeln von entscheidender Bedeutung sind. Diese Materialien können von besiegten Feinden gesammelt, in der Umgebung gefunden oder von Händlern gekauft werden.

Kräuter und Tränke

- **Kräuter**: Diese sind unerlässlich für die Herstellung von Heiltränken, Gegengiften und anderen nützlichen Verbrauchsgegenständen. Verschiedene Arten von Kräutern können in Dungeons gefunden oder gekauft werden, und sie können verwendet werden, um Gesundheit oder Mana während langer Erkundungen aufzufüllen.

- **Tränke**: Tränke sind ein wichtiger Aspekt des Gameplays, da sie verschiedene Buffs, Heileffekte und Statusreinigungen bieten. Das Auffüllen von Tränken kann in harten Kämpfen oft den Unterschied zwischen Erfolg und Misserfolg ausmachen.

Mineralien und Erz

- **Erz**: Erz wird verwendet, um Waffen und Rüstungen herzustellen und zu verbessern. Einige Erze sind wertvoller als andere, und seltene Mineralien können mächtige Gegenstände mit besonderen Eigenschaften herstellen. Der Abbau und das Sammeln dieser Materialien sind unerlässlich, um deine Ausrüstung im Laufe des Spiels zu verbessern.

- **Edelsteine**: Edelsteine können in Waffen und Rüstungen eingefasst werden und fügen zusätzliche Eigenschaften oder Buffs hinzu. Sie sind sehr wertvoll und können die Effektivität Ihrer Ausrüstung drastisch verbessern, wenn sie richtig eingesetzt werden.

Handwerksmaterialien

- **Holz**: Wird oft für den Bau von Bögen, Armbrüsten und anderen Holzgeräten verwendet. Holz kann auch zur Herstellung von Fallen, Pfeilen und anderen Fernkampfwaffen verwendet werden.

- **Leder und Stoff**: Leder wird häufig für die Herstellung leichter Rüstungen verwendet, während Stoffmaterialien oft zur Herstellung von Roben und anderer magischer Ausrüstung verwendet werden. Diese Materialien sind für die Herstellung von Verteidigungs- und Versorgungsausrüstung unerlässlich.

4.4 Ausrüstung herstellen und verbessern

Crafting und Upgrades sind wichtige Aspekte deiner Reise in *Vambrace: Dungeon Monarch*. Durch das Herstellen von Crafting kannst du neue Waffen, Rüstungen und Verbrauchsgegenstände herstellen, während du mit Upgrades deine vorhandene Ausrüstung an deine Bedürfnisse anpassen kannst, während du tiefer in die Dungeons vordringst.

Herstellung von Waffen und Rüstungen

Das Crafting in *Vambrace: Dungeon Monarch* ermöglicht es den Spielern, benutzerdefinierte Waffen und Rüstungen zu erstellen. Durch das Sammeln von Ressourcen wie Erz, Stoff und seltenen Edelsteinen kannst du neue Ausrüstungsgegenstände herstellen, die auf die Bedürfnisse deiner Gruppe zugeschnitten sind. Einige Waffen oder Rüstungen können mit bestimmten Boni hergestellt werden, wie z. B. erhöhter Angriffskraft, verbesserter Magieresistenz oder verbesserter Lebensregeneration.

Ausrüstung aufrüsten

Das Aufrüsten der Ausrüstung ist unerlässlich, um mit den immer schwieriger werdenden Feinden Schritt zu halten. Um Waffen und Rüstungen zu verbessern, musst du die notwendigen Materialien sammeln und spezialisierte Handwerksstationen besuchen. Upgrades erhöhen in der Regel die Werteboni der Ausrüstung, wodurch sie im Kampf effektiver wird. Du kannst auch Waffen mit elementaren Eigenschaften verbessern oder defensive Werte mit magischen Runen verbessern.

Verzauberung und Edelsteinsockel

Verzaubern ermöglicht es Spielern, Waffen und Rüstungen mit zusätzlichen magischen Eigenschaften auszustatten, wie z. B. Elementarschaden oder Statuseffektresistenz. Das Einfassen von Edelsteinen funktioniert ähnlich und ermöglicht es dir, Edelsteine in verfügbare Sockel in deiner Ausrüstung zu platzieren, um Buffs wie erhöhten Schaden, kritische Trefferchance oder Ausdauerregeneration hinzuzufügen. Die Wahl der richtigen Verzauberungen und Edelsteine kann im Kampf einen großen Unterschied machen.

Reparatur von Geräten

Während der Fahrt nutzt sich die Ausrüstung ab. Waffen können an Schärfe verlieren, und Rüstungen können mit der Zeit ihre Haltbarkeit verlieren. Es ist wichtig, Schmiede aufzusuchen oder Materialien zu verwenden, um deine Ausrüstung zu reparieren, um zu verhindern, dass deine Gegenstände mitten im Kampf kaputt gehen. Wenn du deine Ausrüstung in Top-Zustand hältst, stellst du sicher, dass du auf jeden Kampf vorbereitet bist, der auf dich zukommt.

Kapitel 5: Strategien und Tipps

5.1 Grundlegende Überlebenstipps für Anfänger

Das Überleben in der rauen und gefährlichen Welt von *Vambrace: Dungeon Monarch* ist keine leichte Aufgabe, vor allem für neue Spieler. Diese Tipps helfen Ihnen beim Einstieg und machen Ihre ersten Erfahrungen überschaubarer.

Gesundheit und Ausdauer managen

- **Gesundheit ist entscheidend**: Behalten Sie immer die Gesundheit Ihres Teams im Auge. Achte darauf, Heiltränke bei dir zu haben und sie während des Kampfes mit Bedacht einzusetzen. Zu warten, bis deine Gesundheit kritisch niedrig ist, bevor du heilst, kann zu spät sein.

- **Ausdauer ist der Schlüssel**: Jede Aktion im Kampf, einschließlich Angriff und Verteidigung, verbraucht Ausdauer. Wenn deine Ausdauer erschöpft ist, kann dein Charakter keine Schlüsselaktionen ausführen und bist verwundbar. Behalten Sie Ihr Durchhaltevermögen im Auge und setzen Sie es mit Bedacht ein.

Wisse, wann du kämpfen und wann du fliehen musst

- **Wähle deine Schlachten**: Nicht jeder Feind ist es wert, bekämpft zu werden, besonders zu Beginn des Spiels. Weiche großen Gruppen von Feinden aus, wenn du nicht für sie ausgerüstet bist. Sie können jederzeit eine andere Route erkunden oder auf eine bessere Ausrüstung warten, um Ihre Erfolgschancen zu erhöhen.

- **Rückzug, wenn nötig**: Wenn eine Schlacht schlecht läuft, zögere nicht, dich zurückzuziehen und dich neu zu gruppieren. Manchmal ist es wichtiger, den Dungeon mit intaktem Team zu überleben, als einen Kampf zu beenden. Nutzen Sie die Gelegenheit, um sich zu heilen und Ihre Strategie neu zu bewerten.

Lernen Sie, Verbrauchsmaterialien zu verwenden

- **Halten Sie Tränke griffbereit**: Heiltränke und Buffs sind Lebensretter. Halte immer einen guten Vorrat an Tränken bereit, besonders in schwierigen Dungeons. Tränke heilen nicht nur Gesundheit, sondern können auch Mana wiederherstellen oder Statuseffekte wie Gift oder Lähmung heilen.

- **Setze Buffs früh ein**: Buffs können die Effektivität deiner Gruppe erheblich verbessern, insbesondere vor schwierigen Kämpfen. Erwäge, Buffs vor Bosskämpfen oder harten Wellen von Feinden zu verwenden, um dir einen Vorteil zu verschaffen.

5.2 Fortgeschrittene Kampftechniken

Sobald du die Grundlagen gemeistert hast, ist es an der Zeit, tiefer in die Kampfmechanik des Spiels einzutauchen. Diese fortgeschrittenen Strategien werden dir helfen, ein effektiverer Kämpfer zu werden und dir in harten Schlachten einen Vorteil zu verschaffen.

Schwächen und Statuseffekte ausnutzen

- **Schwächen des Ziels**: Viele Feinde haben elementare oder physische Schwächen. Identifiziere diese Schwächen während des Kampfes und passe deine Angriffe entsprechend an. Zum Beispiel kann der Einsatz von feuerbasierten Angriffen gegen Eiskreaturen massiven Schaden verursachen. Lerne deine Feinde kennen und nutze dieses Wissen, um ihre Schwachstellen auszunutzen.

- **Schwächung von Feinden**: Das Anwenden von Schwächungseffekten, wie das Verlangsamen oder Betäuben von Gegnern, kann den Kampf zu deinen Gunsten verschieben. Magier und Assassinen sind besonders gut darin, Schwächungszauber anzuwenden, also stelle sicher, dass du sie einsetzt, um die Effektivität der Feinde im Kampf zu verringern.

Positionierung und Crowd Control

- **Beherrsche das Schlachtfeld**: Die richtige Positionierung ist in *Vambrace: Dungeon Monarch von entscheidender Bedeutung*. Setze deine Panzercharaktere ein, um die Frontlinien zu kontrollieren und die Aufmerksamkeit von zerbrechlichen Verbündeten abzulenken. Halte Fernkampfcharaktere im Hintergrund, wo sie Schaden anrichten können, ohne in Gefahr zu geraten.

- **Kontrollverluste einsetzen**: Viele Klassen verfügen über Fähigkeiten, die es ihnen ermöglichen, Gruppen von Feinden zu kontrollieren oder sie vorübergehend außer Gefecht zu setzen. Magier können zum Beispiel AoE-Zauber wirken, die Massen Schaden zufügen und sie kontrollieren, während Assassinen Tarnung und präzise Schläge einsetzen können, um Bedrohungen schnell zu eliminieren.

Timing und Kombo-Attacken

- **Timing ist alles**: In *Vambrace: Dungeon Monarch* haben viele Fähigkeiten bestimmte Timing-Anforderungen. Einige Fähigkeiten können erst nach dem Ausführen einer bestimmten Aktion aktiviert werden, während andere eine Abklingzeit haben können. Die Beherrschung des Timings deiner Fähigkeiten ist der Schlüssel zur Maximierung deines Schadensausstoßes und deiner Verteidigungsfähigkeiten.

- **Kombo-Angriffe**: Einige Charaktere können Kombo-Angriffe oder Synergien mit anderen freischalten. Wenn du deine Angriffe mit den Aktionen deiner Teamkameraden abstimmst, kannst du verheerende Kombos erstellen. Arbeite mit deinem Team zusammen, um diese Kombos zu koordinieren und Feinde zu überwältigen.

5.3 Taktische Vorgehensweisen für verschiedene Feinde

Jeder Feind in *Vambrace: Dungeon Monarch* stellt seine eigenen Herausforderungen dar. Der beste Weg, sich jedem Feindtyp zu nähern, hängt davon ab, sein Verhalten, seine Stärken und Schwächen zu verstehen.

Bosskämpfe

- **Bossmuster studieren**: Bosse in *Vambrace: Dungeon Monarch* haben in der Regel festgelegte Angriffsmuster. Studiere ihre Bewegungen und Aktionen in den frühen Phasen des Kampfes, um ihre Angriffsroutinen zu lernen. Auf diese Weise kannst du effektiv ausweichen und alle Lücken in ihrer Verteidigung ausnutzen.

- **Konzentriere dich auf Schwachstellen**: Bosse haben oft Schwachstellen, egal ob es sich um bestimmte Körperteile oder Verwundbarkeiten gegenüber bestimmten Elementen handelt. Konzentriere deine Angriffe auf diese Bereiche, um den Schaden zu erhöhen. In einigen Fällen musst du möglicherweise Schwächungszauber oder Statuseffekte verwenden, um diese Schwächen aufzudecken.

- **Verwalte deine Ressourcen**: Bosskämpfe können lang und zermürbend sein. Achte darauf, deine Tränke und Buffs strategisch einzusetzen, besonders wenn ein Boss in eine gefährlichere Phase des Kampfes eintritt. Die Kontrolle über deine Gesundheit, dein Mana und deine Ausdauer während der Begegnung ist der Schlüssel zum Erfolg.

Elite-Feinde

- **Einen nach dem anderen ins Visier** nehmen: Elitegegner können zäh sein, aber sie sind in der Regel leichter zu bewältigen, wenn sie isoliert sind. Konzentriere die Angriffe deines Teams auf jeweils einen Feind, um ihn auszuschalten, bevor Verstärkung eintrifft oder der Feind deine Gruppe überwältigen kann.

- **Nutze das Gelände zu deinem Vorteil:** Einige Elite-Gegner haben bestimmte Angriffsmuster oder nutzen die Umgebung zu ihrem Vorteil. Nutze das Gelände, um diese Angriffe abzuwehren oder ihnen auszuweichen. Die Positionierung kann entscheidend sein, wenn man es mit Elitegegnern aufnimmt.

Müll-Mobs

- **Müll effizient räumen:** Während einzelne Müllmobs vielleicht nicht so schwierig sind wie Bosse, können große Gruppen von Feinden deine Gruppe überwältigen, wenn sie nicht effizient behandelt werden. Nutze AoE-Angriffe oder Massenkontrollfähigkeiten, um schnell mit Gruppen von Feinden fertig zu werden. Stelle sicher, dass deine Frontcharaktere Mobs abwehren können, während deine Fernkampfcharaktere aus sicherer Entfernung Schaden verursachen.

- **Verschwende keine Ressourcen:** Müllmobs sind es nicht wert, deine mächtigsten Fähigkeiten oder begrenzten Ressourcen wie seltene Tränke oder hochstufige Zaubersprüche einzusetzen. Nutze einfache Angriffe oder kostengünstige Fähigkeiten, um deine Ressourcen für härtere Begegnungen zu schonen.

5.4 Zeitmanagement und Ressourcenoptimierung

Zeitmanagement und effiziente Ressourcennutzung sind entscheidende Komponenten für den langfristigen Erfolg von *Vambrace: Dungeon Monarch*. Im Folgenden finden Sie einige Tipps, wie Sie Ihre Zeit und Ressourcen optimieren können, um das Beste aus Ihren Abenteuern zu machen.

Effizientes Sammeln von Ressourcen

- **Konzentriere dich auf hochwertige Ressourcen**: Konzentriere dich beim Erkunden auf das Sammeln hochwertiger Ressourcen wie seltene Erze, Kräuter und Materialien, die für die Herstellung oder Aufrüstung benötigt werden. Priorisiere das Aufsammeln dieser Materialien gegenüber anderen, weniger wertvollen Gegenständen, da sie der Schlüssel zu deinem Fortschritt sind.

- **Überlaste dich nicht zu sehr**: Wenn du zu viel Beute mit dir herumträgst, kann dich das verlangsamen und dich daran hindern, nützlichere Gegenstände zu sammeln. Seien Sie wählerisch, was Sie aufheben, und erwägen Sie, eine sichere Zone zu besuchen, um regelmäßig unnötige Gegenstände abzuladen.

Verwalten des Lagerplatzes

- **Verwenden Sie das Inventar mit Bedacht**: Ihr Inventarplatz ist begrenzt, daher müssen Sie strategisch vorgehen, was Sie tragen. Lagere zusätzliche Tränke, Waffen und Rüstungen an sicheren Orten, aber nimm nur wichtige Gegenstände in die Dungeons mit. Priorisiert Verbrauchsmaterialien, wichtige Handwerksmaterialien und wichtige Questgegenstände.

- **Verbessere dein Inventar**: Wann immer es möglich ist, verbessere deine Inventarplätze. Auf diese Weise kannst du mehr Gegenstände mitnehmen und vermeidest häufige Fahrten zurück zur Basis, um Beute abzugeben. Wenn du ein volles Inventar hast, kannst du mehr Heilgegenstände, Ausrüstung und Handwerksmaterialien mit dir führen, was für längere Expeditionen von entscheidender Bedeutung ist.

Zeitmanagement in Dungeons

- **Wisse, wann du dich ausruhen solltest**: Dungeons können lang und ermüdend sein, besonders wenn du tiefere Levels erkundest. Achte darauf, dass du dich so oft wie möglich ausruhst, damit deine Charaktere Gesundheit, Mana und Ausdauer wiedererlangen können. Wissen Sie, wann Sie vorankommen und wann Sie eine Pause einlegen müssen, um zu vermeiden, dass Ihnen in kritischen Momenten die Ressourcen ausgehen.

- **Plane deine Routen**: Plane deine Dungeon-Läufe effizient, um keine Zeit zu verschwenden. Nehmen Sie den kürzesten Weg zu den wichtigsten Zielen und vermeiden Sie unnötige Rückverfolgungen. Die Planung deiner Route spart dir wertvolle Zeit, vor allem in größeren Dungeons mit zahlreichen verzweigten Wegen.

Kapitel 6: Komplettlösungen für Missionen oder Levels

6.1 Komplettlösung für das frühe Spiel

Das frühe Spiel in *Vambrace: Dungeon Monarch* dient als Einführung in die grundlegenden Mechaniken des Spiels. Während dieser Phase lernen die Spieler die Steuerung, die Charakterklassen und die grundlegenden Kampfstrategien kennen. Hier erfahren Sie, wie Sie das Beste aus Ihrer ersten Reise herausholen können.

Erste Schritte: Der Beginn des Abenteuers

- **Verstehe dein Team**: Zu Beginn wirst du mit einigen Schlüsselcharakteren bekannt gemacht, die den Kern deiner Gruppe bilden werden. Nimm dir Zeit, um die Stärken und Schwächen jedes Charakters zu verstehen, und versuche, sie zusammen zu nutzen, um die Effektivität deiner Gruppe im Kampf auszugleichen.

- **Erkundung der frühen Dungeons**: Die ersten paar Dungeons sind relativ einfach und helfen dir, dich mit der Erkundung, dem Kampf und der Ressourcenverwaltung vertraut zu machen. Behalte deine Gesundheit, Ausdauer und Ressourcen im Auge. Bereite dich auf den Rückzug vor, wenn du von Feinden überwältigt wirst.

- **Hauptziele**: Deine anfänglichen Ziele konzentrieren sich auf das Sammeln von Ressourcen, das Erlernen der Grundlagen des Kampfes und das Freischalten grundlegender Ausrüstungs-Upgrades. Konzentriere dich auf die

Erledigung dieser grundlegenden Aufgaben, da sie dir die notwendigen Werkzeuge an die Hand geben, um zu den schwierigeren Teilen des Spiels vorzudringen.

Kampf- und Ressourcenmanagement

- **Überlebenstipps**: Zu Beginn des Spiels bestehen die Kämpfe hauptsächlich aus niedrigstufigen Gegnern, die mit grundlegenden Taktiken zu bewältigen sind. Achte jedoch immer auf deine Ressourcen, denn wenn dir die Heiltränke oder das Mana ausgehen, kannst du verwundbar werden.

- **Ausrüstung verbessern**: Nutze die frühen Dungeons, um Handwerksmaterialien zu sammeln und deine Ausrüstung zu verbessern. Selbst kleinere Upgrades an Waffen und Rüstungen können einen großen Unterschied in deiner Fähigkeit machen, härtere Begegnungen zu überleben.

6.2 Herausforderungen und Ziele während des Spiels

Im Laufe des Spiels werden komplexere Mechaniken, härtere Feinde und schwierigere Ziele eingeführt. Das Midgame stellt eine große Herausforderung dar und erfordert, dass du deine Strategien anpasst. Hier erfahren Sie, wie Sie diese Herausforderungen bewältigen können.

Überwindung des erhöhten Schwierigkeitsgrads

- **Neue Gegnertypen**: In den Dungeons im mittleren Spiel gibt es härtere Feinde mit einzigartigen Fähigkeiten und Angriffsmustern. Lerne die Schwächen dieser neuen Feinde kennen und sei bereit, deine Taktik anzupassen. Zum Beispiel können einige Feinde Resistenzen gegen bestimmte Schadensarten haben, so dass du deine Strategie entsprechend ändern musst.

- **Gruppensynergie**: Inzwischen solltet ihr eine bunt gemischte Gruppe von Charakteren mit unterschiedlichen Fähigkeiten haben. Konzentriere dich darauf, Synergien zwischen den Charakteren zu schaffen, um dein Kampfpotenzial zu maximieren. Die Kombination von Buffs, Debuffs und AoE-Angriffen ist unerlässlich, um mit Gruppen von Feinden fertig zu werden.

Wichtigste Ziele

- **Questfortschritt**: Die Ziele in der Mitte des Spiels drehen sich oft darum, in der Geschichte voranzukommen und neue Orte zu entdecken. Zu diesen Zielen gehören auch das Finden mächtiger Artefakte, das Freischalten neuer Gruppenmitglieder oder das Lösen komplexer Rätsel in Dungeons.

- **Ressourcenmanagement**: Ressourcen werden mit zunehmendem Schwierigkeitsgrad wichtiger. Horte Tränke, verbessere deine Ausrüstung und behalte die Handwerksmaterialien im Auge, um sicherzustellen, dass du für die bevorstehenden Herausforderungen gerüstet bist. Achten Sie darauf, Ihr Inventar zu verwalten, um eine Überlastung zu vermeiden.

Bosskämpfe

- **Taktische Bosskämpfe**: Bosskämpfe in der Mitte des Spiels erfordern eine taktischere Herangehensweise. Diese Bosse können mehrere Phasen haben oder bestimmte Strategien erfordern, wie z. B. das Anvisieren von Schwachstellen oder den Einsatz bestimmter Fähigkeiten zum richtigen Zeitpunkt. Achten Sie auf Angriffsmuster und seien Sie bereit, sich anzupassen.

6.3 Endgame-Strategien und Bosskämpfe

Im Endgame von *Vambrace: Dungeon Monarch* liegen die wahren Herausforderungen. Die Bosse sind schwieriger, die Dungeons labyrinthisch und die feindlichen Truppen sind gewaltiger. Hier erfährst du, wie du dich auf die letzte Phase des Spiels vorbereiten kannst.

Vorbereitung auf den Endgame-Kampf

- **Ausrüstung maximieren**: Inzwischen solltest du über die Materialien verfügen, um deine Ausrüstung vollständig aufzurüsten. Stelle sicher, dass alle deine Charaktere mit den bestmöglichen Rüstungen, Waffen und Accessoires ausgestattet sind. Vernachlässige nicht Verzauberungen und das Einfassen von Edelsteinen, da diese für kritische Kraftsteigerungen sorgen können.

- **Fortgeschrittene Kampftechniken: Im** Endgame-Kampf geht es oft darum, große Gruppen von Feinden zu managen, mächtige Statuseffekte zu vermeiden und sich mit Feinden auseinanderzusetzen, die hohe Resistenzen haben. Meistere das Timing von Kombo-Angriffen, Massenkontrolle und

Heilung, um die Nase vorn zu haben.

- **Verwalten von Ressourcen**: In dieser Phase ist die Verwaltung von Ressourcen von entscheidender Bedeutung. Nimm jede Menge Heiltränke, Manatränke und Buffs mit in die letzten Dungeons und Bosskämpfe. Du musst auf lange und anstrengende Kämpfe vorbereitet sein, also decke dich mit Bedacht ein.

Endgame-Bosskämpfe

- **Mehrere** Phasen: Viele der Endbosskämpfe bestehen aus mehreren Phasen, jede mit unterschiedlichen Angriffsmustern und Herausforderungen. Studieren Sie die Schritte des Chefs und seien Sie bereit, Ihre Strategie anzupassen. Diese Bosse erfordern oft ein präzises Timing und den Einsatz von Spezialfähigkeiten, um sie zu besiegen.

- **Elementarwiderstand**: Einige Endgame-Bosse haben Elementarresistenzen oder Verwundbarkeiten. Nutzen Sie Ihr Wissen um diese Schwächen zu Ihrem Vorteil. Bereite deine Gruppe mit der richtigen Art von Schaden (Feuer, Eis, Blitz usw.) vor, um diese Schwächen auszunutzen.

Letzte Dungeon-Erkundung

- **Gefährliche Umgebungen**: Die letzten Dungeons sind voller mächtiger Feinde und Umweltgefahren. Achten Sie auf Fallen und Hindernisse, die Ihren Fortschritt behindern können. Erwäge, Stealth- oder Fernkampf einzusetzen, um mit Feinden fertig zu werden, bevor sie zu nahe kommen.

- **Puzzle-Mechanik:** In der Endphase des Spiels gibt es oft komplexere Rätsel und Herausforderungen in der Umgebung. Diese Rätsel erfordern möglicherweise die Manipulation der Umgebung, das Lösen von Rätseln oder das Besiegen von Mini-Bossen, um voranzukommen.

6.4 Spezielle Nebenmissionen und optionale Inhalte

Neben der Hauptgeschichte bietet *Vambrace: Dungeon Monarch* zahlreiche Nebenmissionen und optionale Inhalte, die wertvolle Belohnungen und zusätzliche Hintergrundinformationen bieten können. Hier erfährst du, wie du das Beste aus diesen optionalen Quests herausholen kannst.

Spezielle Nebenmissionen freischalten

- **Versteckte Quests**: Einige Nebenmissionen sind in der Spielwelt versteckt und können freigeschaltet werden, indem du mit bestimmten NPCs sprichst oder geheime Bereiche erkundest. Sprecht mit allen in den Städten und Dungeons, um diese Quests zu entdecken, die oft einzigartige Belohnungen bieten.

- **Optionale Ziele**: In diesen Missionen musst du möglicherweise Ziele erfüllen, wie z. B. besondere Feinde besiegen, seltene Gegenstände sammeln oder versteckte Schätze finden. Sie sind zwar nicht erforderlich, um das Spiel abzuschließen, bieten aber hervorragende Belohnungen wie mächtige Ausrüstung, seltene Handwerksmaterialien oder zusätzliche Story-Inhalte.

Belohnungen und Erfolge

- **Mächtige Ausrüstung**: Das Abschließen optionaler Missionen belohnt dich oft mit einigen der besten Ausrüstungsgegenstände im Spiel, was deine Reise durch das Endgame erleichtert. Achte darauf, diese Missionen zu priorisieren, wenn du in harten Schlachten einen Vorteil suchen willst.

- **Lore und Hintergrundgeschichte**: Viele Nebenmissionen verraten mehr über die Spielwelt und ihre Charaktere. Diese können großartig für Spieler sein, die daran interessiert sind, ihr Verständnis der Geschichte zu vertiefen und verborgene Geschichten aufzudecken.

Zeitfahren und Herausforderungen

- **Besondere Herausforderungen**: Einige Nebenmissionen beinhalten Zeitrennen oder spezielle Kampfherausforderungen, bei denen du Wellen von Feinden besiegen oder Ziele innerhalb eines Zeitlimits erfüllen musst. Diese Herausforderungen sind oft schwierig, belohnen die Spieler aber nach Abschluss mit seltenen Gegenständen oder Erfolgen.

Kapitel 7: Geheimnisse und Sammlerstücke

7.1 Versteckte Bereiche und Easter Eggs

Vambrace: Dungeon Monarch ist voll von geheimen Orten, die oft besondere Aktionen oder scharfe Beobachtung erfordern, um sie zu entdecken. Diese versteckten Bereiche bieten oft Belohnungen, mächtige Feinde und einzigartige Herausforderungen.

Versteckte Bereiche finden

- **Halte Ausschau nach ungewöhnlichen Wegen**: Versteckte Bereiche im Spiel sind oft hinter falschen Wänden, zerbrechlichen Objekten oder Bereichen versteckt, die nicht sofort sichtbar sind. Achte auf ungewöhnliche Umgebungsdetails wie Risse in Wänden, große Objekte, die zerstörbar sein könnten, oder Orte, die im Layout des Dungeons etwas fehl am Platz aussehen.

- **Interagiere mit allem**: Scheue dich nicht, mit jedem Objekt oder NPC zu interagieren, dem du begegnest. Einige Interaktionen können geheime Türen oder Wege öffnen. Diese versteckten Orte sind oft mit Quests verbunden oder bieten versteckte Schatztruhen, die mit seltenen Gegenständen gefüllt sind.

Ostereier

- **Versteckte Referenzen**: *Vambrace: Dungeon Monarch* ist dafür bekannt, Easter Eggs zu enthalten, die sich auf andere Spiele, die Popkultur oder die eigene Entwicklungsgeschichte beziehen. Halten Sie Ausschau nach seltsamen Symbolen, Gegenständen oder Charakteren, die fehl am Platz erscheinen. Sie könnten Anspielungen auf etwas Vertrautes sein.

- **Besondere Interaktionen**: Einige Easter Eggs sind an bestimmte Charakteraktionen oder Dialoge gebunden. Versuche, auf unerwartete Weise mit der Welt zu interagieren oder Orte nach bestimmten Ereignissen erneut zu besuchen, um zu sehen, ob neue Easter Eggs auftauchen.

7.2 Sammlerstücke und ihre Belohnungen

Im Laufe des Spiels gibt es zahlreiche Sammelobjekte zu sammeln, die Belohnungen freischalten, Einblicke in die Geschichte geben oder die Fähigkeiten deines Charakters verbessern können. Diese Sammlerstücke sind oft mit der Erkundung, dem Abschließen von Nebenmissionen oder dem Besiegen harter Feinde verbunden.

Arten von Sammlerstücken

- **Artefakte**: Diese seltenen Gegenstände liefern oft Informationen über die Welt oder schalten neue Fähigkeiten frei, wenn sie gesammelt werden. Einige können an bestimmte Quests gebunden sein oder nur in versteckten Bereichen gefunden werden. Achte auf diese Gegenstände, da sie deinem Team wertvolle Hintergrundgeschichten und

Boni bieten.

- **Schatztruhen**: Einige Sammlerstücke sind in Schatztruhen versteckt. Diese Truhen können nützliche Verbrauchsmaterialien, Ausrüstung oder Handwerksmaterialien enthalten. Um sie zu finden, muss man gründlich erkundet werden und oft Rätsel lösen oder Feinde besiegen, die sie bewachen.

- **Monster-Drops**: Wenn du Feinde besiegst, vor allem härtere oder Bosse, können sie seltene Gegenstände oder Sammlerstücke fallen lassen, die für Upgrades, Crafting oder andere Belohnungen verwendet werden können. Stellt sicher, dass ihr euch in den Kampf stürzt und diese seltenen Beute nach wertvollen Gegenständen sucht.

Belohnungen für Sammlerstücke

- **Einzigartige Ausrüstung**: Viele Sammlerstücke schalten spezielle Ausrüstung wie Waffen, Rüstungen oder Accessoires frei, die die Fähigkeiten deines Teams erheblich verbessern. Diese Ausrüstung ist oft viel stärker oder spezialisierter als das, was du in normalen Geschäften oder Handwerksbetrieben finden kannst.

- **Freischaltbare Objekte**: Einige Sammlerstücke schalten neue Inhalte oder Funktionen im Spiel frei. Dabei kann es sich um neue Charaktere, Spezialfähigkeiten oder sogar alternative Spielmodi handeln. Wenn du alle versteckten Gegenstände sammelst, wirst du oft mit Bonusinhalten belohnt, die den Wiederspielwert erhöhen.

7.3 Freischaltbare Inhalte und Boni

Vambrace: Dungeon Monarch enthält mehrere freischaltbare Inhalte, die einen zusätzlichen Wert bieten und den Wiederspielwert des Spiels erhöhen. Diese freischaltbaren Gegenstände können von neuen Charakteren, Stufen oder Spezialfähigkeiten reichen und erfordern oft, dass du bestimmte Ziele erfüllst oder alle Sammelobjekte findest.

Neue Charaktere freischalten

- **Charakter-Freischaltungen**: Im Laufe des Spiels schalten bestimmte Nebenmissionen, Erfolge oder geheime Bereiche neue Charaktere frei, die sich deiner Gruppe anschließen können. Diese Charaktere können unterschiedliche Fähigkeiten, Spielstile oder Boni bieten, die im Kampf das Spiel verändern können. Stelle sicher, dass du so viele Nebenquests und versteckte Ziele wie möglich abschließt, um diese Charaktere freizuschalten.

Spezialfähigkeiten freischalten

- **Mächtige Fähigkeiten**: Einige der mächtigsten Fähigkeiten im Spiel sind an Sammlerstücke gebunden. Diese Fähigkeiten können deine Kampfeffizienz und das gesamte Gameplay dramatisch verbessern. Einige dieser Fähigkeiten erfordern möglicherweise das Sammeln seltener Gegenstände oder das Abschließen bestimmter Herausforderungen.

- **Alternative Kostüme**: Zusätzlich zu neuen Charakteren und Fähigkeiten können einige freischaltbare Inhalte das

Aussehen deiner Charaktere verändern. Dazu gehören alternative Kostüme, Skins oder visuelle Upgrades, die deine Charaktere hervorheben können.

Zusätzliche Dungeons und Gebiete

- **Versteckte Dungeons**: Das Spiel enthält zusätzliche Dungeons und Levels, die nur nach dem Erreichen bestimmter Ziele, dem Finden bestimmter Sammlerstücke oder dem Freischalten bestimmter Erfolge zugänglich sind. Diese versteckten Dungeons bieten in der Regel härtere Feinde, höhere Belohnungen und anspruchsvollere Rätsel.

- **Inhalte nach dem Spiel**: Sobald die Hauptgeschichte abgeschlossen ist, können sich einige neue Bereiche öffnen, die zuvor nicht zugänglich waren. Diese enthalten oft die härtesten Herausforderungen im Spiel sowie einige der besten Beute und Sammlerstücke.

7.4 Tipps zum Auffinden aller Geheimnisse

Um alle Geheimnisse und Sammlerstücke in *Vambrace: Dungeon Monarch zu finden*, musst du gründlich, geduldig und aufmerksam sein. Hier sind einige Tipps, die Ihnen helfen, alle versteckten Bereiche und Sammelobjekte im Spiel aufzudecken.

Seien Sie gründlich bei der Erkundung

- **Durchsuche jede Ecke**: Viele Geheimnisse sind an Orten versteckt, die du vielleicht übersiehst. Vergiss nicht, jeden Winkel in den Dungeons und Städten zu erkunden. Scheue dich nicht, Gebiete zurückzuverfolgen oder erneut zu besuchen, nachdem du neue Fähigkeiten oder Gegenstände erhalten hast, die es dir ermöglichen, zuvor unzugängliche Bereiche zu erreichen.

- **Kartenmarkierungen verwenden**: Einige der geheimen Bereiche sind leicht zu übersehen, also nutze die Karte, um dich zu orientieren. Markieren Sie interessante Orte, z. B. verdächtige Räume oder Bereiche, zu denen Sie zuvor keinen Zugang hatten, und besuchen Sie sie später erneut.

Löse Rätsel und Herausforderungen

- **Halte Ausschau nach Hinweisen auf die Umgebung**: Viele Geheimnisse sind mit Umgebungsrätseln oder Herausforderungen verbunden. Achten Sie auf Muster auf dem Boden, an den Wänden oder an der Decke, die auf versteckte Räume oder Schalter hinweisen könnten. Diese könnten der Schlüssel zum Freischalten von geheimen Bereichen oder Sammelobjekten sein.

- **Achte auf NPCs**: Einige NPCs geben wichtige Hinweise auf versteckte Schätze oder geheime Bereiche. Sprich mit jedem, den du triffst, auch wenn er auf den ersten Blick nicht viel zu bieten scheint. Sie können Hinweise ablegen, die Sie zu versteckten Gegenständen oder Bereichen führen.

Verfolgen Sie Ihren Fortschritt

- **Behalte den Überblick über Sammlerstücke**: Verwende das Tagebuch oder Menü im Spiel, um zu verfolgen, welche Sammlerstücke du gefunden hast und welche noch fehlen.

So stellst du sicher, dass du keine wichtigen Gegenstände zurücklässt.

- **Wiederholungsbereiche für fehlende Gegenstände:** Wenn du feststellst, dass du ein Sammelobjekt oder ein Geheimnis vermisst, solltest du in Erwägung ziehen, Gebiete zu wiederholen, in denen du bereits warst. Manchmal können neue Gegenstände oder Sammlerstücke nach bestimmten Story-Ereignissen oder nach bestimmten Aktionen im Spiel erscheinen.

Kapitel 8: Erfolge und Trophäen

8.1 Übersicht der Erfolge und Trophäen

In *Vambrace: Dungeon Monarch* sind Erfolge und Trophäen Meilensteine, die Spieler für das Erfüllen bestimmter Aufgaben, das Erreichen wichtiger Story-Punkte oder das Meistern schwieriger Herausforderungen belohnen. Diese Errungenschaften im Spiel sind nicht nur zum Angeben da. Sie schalten oft wertvolle Belohnungen und neue Inhalte frei und verbessern das gesamte Spielerlebnis.

Arten von Erfolgen

- **Story-Fortschrittserfolge**: Diese werden freigeschaltet, während du in der Hauptgeschichte des Spiels voranschreitest. Das Abschließen von Kapiteln, das Besiegen großer Bosse oder das Freischalten bestimmter narrativer Elemente gewährt in der Regel diese Erfolge.

- **Kampferfolge**: Diese konzentrieren sich auf deine Fähigkeit, im Kampf zu glänzen, sei es durch das Besiegen einer bestimmten Anzahl von Feinden, das Ausführen spezieller Kampftechniken oder den Einsatz bestimmter Waffen oder Fähigkeiten.

- **Erkundungserfolge**: Diese erhaltet ihr, indem ihr versteckte Bereiche aufdeckt, Sammlerstücke findet oder jeden Ort im Spiel vollständig erkundet. Spieler, die sich die Zeit nehmen, jeden Winkel zu erkunden, werden mit dieser

Art von Erfolgen belohnt.

- **Zeitbasierte Erfolge**: Einige Erfolge sind an Geschwindigkeit und Effizienz gebunden. Das Abschließen von Zielen unter bestimmten Zeitvorgaben oder das schnelle Abschließen bestimmter Herausforderungen schaltet diese frei.

Trophäen

Trophäen sind das Äquivalent zu Erfolgen auf bestimmten Plattformen, wie z. B. PlayStation. Sie sind an die gleichen Ziele und Meilensteine gebunden, werden aber in einem etwas anderen Format vergeben. Einige Trophäen sind häufig und leicht zu bekommen, während andere seltener und schwieriger sind.

8.2 Erfolge in *Vambrace: Dungeon Monarch verdienen*

Das Freischalten von Erfolgen in *Vambrace: Dungeon Monarch* ist ein wesentlicher Bestandteil der Herausforderung des Spiels. Dies sind einige der Möglichkeiten, wie du Erfolge verdienen kannst:

Abschließen von Schlüsselmissionen in der Story

- **Abschluss der Story**: Während du im Spiel voranschreitest und wichtige Handlungsbögen abschließt, schaltest du Erfolge frei, die sich auf wichtige Ereignisse und Meilensteine beziehen. Achte darauf, die Haupthandlung genau zu verfolgen, um diese Erfolge zu erhalten.

- **Boss-Niederlagen:** Bestimmte Erfolge sind an das Besiegen bestimmter Bosse gebunden. Jeder Boss, dem du begegnest, kann eine einzigartige Errungenschaft gewähren, die auf dem Schwierigkeitsgrad oder der Methode der Niederlage basiert. Achte auf besondere Bedingungen, die Erfolge freischalten können, nachdem du einen Boss besiegt hast.

Nebenmissionen und Sammlerstücke

- **Abschluss der Nebenquest:** Viele Erfolge in *Vambrace: Dungeon Monarch* werden durch das Abschließen von Nebenmissionen und Zielen freigeschaltet. Dabei kann es darum gehen, NPCs zu retten, bestimmte Gegenstände zu sammeln oder herausfordernde Aufgaben zu erledigen, die nicht erforderlich sind, um die Haupthandlung voranzutreiben.

- **Sammeln von Artefakten und Gegenständen:** Das Sammeln bestimmter Artefakte, Handwerksmaterialien oder mächtiger Gegenstände kann Erfolge freischalten. Behalte deine Sammlung im Auge und stelle sicher, dass du alles sammelst, was du brauchst, um diese schwer fassbaren Belohnungen freizuschalten.

Besondere Meilensteine im Kampf

- **Besiege bestimmte Feinde:** Einige Erfolge basieren auf dem Töten einer bestimmten Anzahl von Feinden, dem Besiegen von Elitemonstern oder seltenen Monstern oder dem Einsatz bestimmter Fähigkeiten, um Herausforderungen zu meistern. Ein Erfolg kann zum Beispiel verdient werden, indem man 50 Gegnertypen eines bestimmten Gegnertyps besiegt oder 100 kritische Treffer ausführt.

- **Meistere Kampftechniken**: Einige Erfolge werden durch das Meistern fortgeschrittener Kampfmechaniken freigeschaltet, wie z. B. das Verketten von Fähigkeiten, den effektiven Einsatz von Kombo-Angriffen oder das erfolgreiche Abschließen bestimmter kampfbasierter Herausforderungen.

8.3 Tipps für seltene und herausfordernde Erfolge

Einige Erfolge und Trophäen in *Vambrace: Dungeon Monarch* sind besonders schwer zu erlangen. Diese erfordern oft ein fachmännisches Gameplay, präzises Timing oder das Überwinden schwieriger Umstände. Hier sind ein paar Tipps, die Ihnen helfen, die schwierigeren Erfolge zu bewältigen:

Fokus auf Kampfmeisterschaft

- **Besiege Bosse auf höheren Schwierigkeitsgraden**: Viele der herausforderndsten Erfolge in *Vambrace: Dungeon Monarch* sind an das Besiegen harter Bosse oder das Abschließen von Missionen auf höheren Schwierigkeitsgraden gebunden. Spiele das Spiel mehrmals auf verschiedenen Schwierigkeitsgraden, um deine Kampffähigkeiten zu testen und diese seltenen Erfolge freizuschalten.

- **Perfekte Kombos und Techniken**: Erfolge, die mit fortgeschrittenen Kämpfen zu tun haben, erfordern oft, dass du bestimmte Kombos ausführst oder bestimmte

Fähigkeiten im Kampf einsetzt. Experimentiere mit verschiedenen Charakter-Setups und Fähigkeiten, um effektive Kombos zu finden, die dir helfen, diese Meilensteine zu erreichen.

Zeitfahren und Effizienz

- **Speedrunning**: Bestimmte Erfolge beziehen sich auf das Abschließen des Spiels oder bestimmter Abschnitte innerhalb eines Zeitlimits. Wenn du versuchst, dir diese zu verdienen, solltest du dich auf Speedrun-Taktiken konzentrieren: Optimiere deine Charakter-Builds, vermeide unnötige Kämpfe und finde den schnellsten Weg durch die Levels des Spiels.

- **Minimieren Sie den Ressourcenverbrauch:** Für Erfolge, die mit dem Abschluss des Spiels mit minimalen Ressourcen zusammenhängen, üben Sie ein effizientes Ressourcenmanagement, z. B. indem Sie Heilgegenstände nur dann verwenden, wenn es absolut notwendig ist, oder unnötige Kämpfe vermeiden.

Alle Gebiete erkunden

- **Gründliche Erkundung**: Einige seltene Erfolge sind an gründliche Erkundung gebunden. Stelle sicher, dass du jeden Winkel der Dungeons, Städte und geheimen Orte des Spiels erkundet hast, um alle Sammlerstücke und versteckten Bereiche zu entdecken.

- **Suche nach Geheimpfaden**: Einige Erfolge verbergen sich hinter gut versteckten Geheimpfaden oder Bonuszielen.

Seien Sie geduldig und überprüfen Sie Bereiche, die leer oder unbedeutend aussehen könnten. Vielleicht ist etwas Wichtiges versteckt.

Experimentiere mit Spielstilen

- **Fordere dich mit verschiedenen Klassen heraus**: Einige Erfolge sind an das Spielen bestimmter Charakterklassen oder Rollen gebunden. Um diese freizuschalten, solltest du das Spiel mit verschiedenen Klassen erneut spielen, um einzigartige Fähigkeiten und Kampfstrategien zu erkunden.

- **Nutze verschiedene Kampfstrategien**: Einige Erfolge können damit zusammenhängen, wie du den Kampf angehst. Wenn du zum Beispiel nur Fernkampfangriffe einsetzt, Feinde besiegst, ohne Schaden zu nehmen, oder Kämpfe mit bestimmten Fähigkeiten abschließt, kannst du versteckte Belohnungen freischalten.

8.4 Abschließen der Erfolgs-Checkliste

Wenn du danach strebst, die vollständige Erfolgsliste in *Vambrace: Dungeon Monarch zu vervollständigen*, findest du hier eine Checkliste mit Schritten, die du unternehmen kannst, um sicherzustellen, dass du jeden Erfolg erhältst:

1. Folgen Sie der Geschichte

- Schließe alle Hauptmissionen der Geschichte ab.

- Besiege alle großen Bosse und schalte storybasierte Erfolge frei.

2. Schließe Nebenmissionen ab und erkunde

- Nimm an allen verfügbaren Nebenmissionen und optionalen Quests teil.

- Sammle alle versteckten Artefakte und Schatztruhen.

3. Maximieren Sie Ihre Kampffähigkeiten

- Erreiche kampfbezogene Meilensteine, wie z. B. das Besiegen einer bestimmten Anzahl von Feinden, das Meistern bestimmter Fähigkeiten und das Verketten von Kampfbewegungen.

- Besiege Feinde auf spezielle Weise, um Kampftrophäen freizuschalten.

4. Erkunden Sie versteckte Bereiche

- Entdecke und erkunde alle versteckten Dungeons, geheimen Räume und Easter Eggs.

- Schalte alle Sammelgegenstände frei und verfolge deinen Fortschritt im Spieltagebuch.

5. Wiederholen Sie das Spiel

- Spiele das Spiel auf mehreren Schwierigkeitsstufen, um schwierigkeitsgradspezifische Erfolge und Trophäen freizuschalten.

- Fordere dich mit zeitbasierten Erfolgen und Speedruns heraus.

Kapitel 9: Fortgeschrittene Techniken

9.1 Beherrschung der Kampfmechanik

Die Kämpfe in *Vambrace: Dungeon Monarch* können eine Herausforderung sein, besonders auf höheren Schwierigkeitsgraden. Um erfolgreich zu sein, musst du die komplexe Kampfmechanik des Spiels vollständig verstehen und beherrschen.

Den Kampfablauf verstehen

- **Action-Ökonomie: Die** Steuerung deiner Aktionen während des Kampfes ist entscheidend. Jeder Charakter hat eine begrenzte Anzahl von Aktionen, die er pro Runde ausführen kann, und es ist wichtig, den Einsatz dieser Aktionen zu maximieren. Achte darauf, dass du offensive Aktionen (Angriff, Einsatz von Fähigkeiten) mit defensiven Aktionen (Heilung, Blocken, Buffen) ausbalancierst.

- **Kombo-Angriffe**: Lerne das Timing und die Reihenfolge von Kombo-Angriffen. Das Kombinieren von Fähigkeiten mehrerer Charaktere oder das Stapeln von Buffs und Debuffs kann zu verheerenden Kombinationen führen. Zu verstehen, wie man diese Kombos einrichtet, ist wichtig, um den Schadensausstoß zu maximieren.

- **Fähigkeits-Timing**: Viele Charaktere haben spezielle Fähigkeiten, die stärker sind, wenn sie unter bestimmten Bedingungen eingesetzt werden. Einige Fähigkeiten werden durch Buffs, Debuffs oder Schwächen des Gegners verstärkt. Wenn du diese Bedingungen erkennst und Fähigkeiten zur richtigen Zeit einsetzt, verschafft dir das einen erheblichen Vorteil im Kampf.

Verwalten von Ressourcen

- **Energiemanagement**: Behalte die Energieressourcen deiner Gruppe, wie Mana oder Ausdauer, genau im Auge. Der übermäßige Einsatz von Fähigkeiten kann deine Charaktere verwundbar machen, daher ist es wichtig, die richtige Balance zwischen Angriff, Verteidigung und Heilung zu finden, ohne die Ressourcen zu schnell zu erschöpfen.

- **Verwendung von** Gegenständen: Die Beherrschung des Einsatzes von Heilgegenständen, Tränken und Buffs kann das Blatt im Kampf wenden. Setze diese Gegenstände strategisch ein und hebe sie für kritische Momente auf, in denen sie die größte Wirkung erzielen können, z. B. bei Bosskämpfen oder gegen überwältigende feindliche Wellen.

9.2 Exploits und Beherrschung der Spielmechanik

Um das Beste aus *Vambrace: Dungeon Monarch herauszuholen*, musst du die tieferen Schichten der Spielmechanik verstehen, einschließlich potenzieller Ausnutzungen, die dein Gameplay effizienter machen oder dir helfen können, schwierige Abschnitte mit Leichtigkeit zu meistern.

Exploits für feindliches Verhalten

- **KI-Muster**: Studiere feindliche KI-Muster, um Schwächen auszunutzen. Bestimmte Feinde wiederholen vorhersehbare Aktionen, die du zu deinem Vorteil nutzen kannst. Zum Beispiel können einige Feinde immer das schwächste Gruppenmitglied ins Visier nehmen oder sich auf bestimmte Charaktere konzentrieren, die die größte Bedrohung darstellen.

- **Positionierung**: Die richtige Positionierung deiner Charaktere ist der Schlüssel zur Kontrolle des Kampfflusses. Einige Feinde haben eine begrenzte Bewegungs- oder Zielreichweite, so dass das Platzieren deiner Charaktere in vorteilhaften Positionen verhindern kann, dass Feinde sie treffen, oder sie in ungünstige Positionen zwingt.

Buffs und Debuffs ausnutzen

- **Stapeln von Schwächungszaubern**: Einige der mächtigsten Strategien in *Vambrace: Dungeon Monarch* beinhalten das Schwächen von Feinden mit mehreren Effekten, wie z. B. der Verringerung ihrer Verteidigung, ihres Angriffs oder ihrer Mobilität. Das Stapeln von Debuffs macht es viel einfacher, Feinde zu besiegen. Achte darauf, wie Debuffs miteinander interagieren, um maximale Effektivität zu erzielen.

- **Buffen Sie Ihr Team**: Auf der anderen Seite kann Ihnen das Buffen der Werte Ihres Teams einen erheblichen Vorteil verschaffen. Bestimmte Fähigkeiten ermöglichen es dir, den Schadensausstoß oder die Verteidigung deines Teams zu erhöhen, was besonders in schwierigen Bosskämpfen nützlich ist.

Umwelt-Exploits

- **Interaktive Umgebungen**: Einige Levels verfügen über interaktive Umgebungselemente, die zu deinem Vorteil genutzt werden können, wie z. B. explosive Fässer oder Fallen. Wenn du Feinde in diese Bereiche lockst oder sie strategisch aktivierst, kannst du erheblichen Schaden anrichten, ohne dass du wertvolle Ressourcen einsetzen musst.

- **Engpässe**: In Dungeons mit engen Gängen oder engen Räumen kannst du Feinde an bestimmte Orte schleusen, um ihre Bewegung einzuschränken und sie leichter zu kontrollieren oder zu besiegen. Nutze die Umgebung, um Feinde in diese Engpässe zu zwingen und so leichter zu töten.

9.3 Speedrun-Strategien

Beim Speedrunning geht es darum, *Vambrace: Dungeon Monarch* so schnell wie möglich abzuschließen, in der Regel mit dem Ziel, eine bestimmte Zeit in der Bestenliste zu erreichen. Dies erfordert Kenntnisse der Spielmechanik sowie eine effiziente Strategie zur Überwindung von Hindernissen und zur Minimierung von Ausfallzeiten.

Optimierung von Bewegung und Navigation

- **Effiziente Wegfindung**: Eines der wichtigsten Elemente des Speedruns ist die Minimierung der Zeit, die mit dem

Navigieren durch die Dungeons und Levels des Spiels verbracht wird. Studieren Sie das Kartenlayout und planen Sie den direktesten Weg zu Ihren Zielen. Vermeiden Sie unnötiges Backtracking und wissen Sie, welche Abkürzungen Sie nehmen müssen.

- **Unnötige Kämpfe überspringen**: Während einige Kämpfe unvermeidlich sind, können andere übersprungen oder ganz vermieden werden. Nutze Tarnung oder Positionierung, um Begegnungen zu umgehen, die nicht zum Erreichen von Zielen beitragen. Effiziente Speedrunner wissen auch, welche Feinde übersprungen werden können, ohne zu viel Fortschritt zu opfern.

Kampfoptimierung für Geschwindigkeit

- **Schnelle Kämpfe**: Speedrunner konzentrieren sich oft darauf, die Zeit, die sie im Kampf verbringen, zu minimieren. Das bedeutet, den Schadensausstoß zu maximieren, Massenkontrolle zu nutzen, um Feinde daran zu hindern, anzugreifen, und lange Animationen zu vermeiden, die deinen Fortschritt verzögern können.

- **Einsatz von Soforttötungsfähigkeiten**: Einige Charaktere verfügen über Fähigkeiten, die Feinde schnell eliminieren oder massiven Schaden anrichten können. Setze diese Fähigkeiten früh und oft ein, um Kämpfe zu beschleunigen und den Zeitaufwand für jede Begegnung zu minimieren.

Störungen und Spielmechaniken ausnutzen

- **Spielspezifische Exploits**: Speedrunner suchen oft nach Störungen oder Mechaniken im Spiel, die ausgenutzt werden können, um Abschnitte des Spiels zu überspringen oder Ziele schneller zu erreichen. Dabei kann es sich um kleinere Clipping-Störungen oder unbeabsichtigte Sprünge handeln, die die Zeit erheblich verkürzen können.

- **Perfektionierung von Techniken**: Auch Speedrunning erfordert Übung und Präzision. Perfektioniere das Timing deiner Eingaben und Fähigkeiten, denn schon ein paar Sekunden Verzögerung können deine Gesamtzeit beeinflussen. Timing ist alles, und zu verstehen, wann und wie Sie Ihre Bewegungen ausführen müssen, ist der Schlüssel zum Erfolg.

9.4 Fortgeschrittene Charakter-Builds und Synergien

In *Vambrace: Dungeon Monarch* kannst du durch das Erstellen mächtiger Charakter-Builds und Synergien einen überwältigenden Vorteil erlangen, besonders im späten Spiel oder bei schwierigen Bosskämpfen. Wenn du verstehst, wie du Charaktere, Fähigkeiten und Ausrüstung kombinierst, kannst du dein Team für maximale Effektivität optimieren.

Aufbau synergetischer Teams

- **Rollensynergie**: Es ist wichtig sicherzustellen, dass sich die Stärken Ihres Teams gegenseitig ergänzen. Wenn du zum Beispiel einen Tank-Charakter mit einem Heiler kombinierst, kannst du sicherstellen, dass deine Charaktere an vorderster Front am Leben bleiben, während der Heiler sie mit Gesundheit auffüllt. Ein schadensverursachender Charakter, gepaart mit einem Debuffer, kann auch verheerende Kombinationen erzeugen.

- **Fähigkeitssynergie**: Bestimmte Fähigkeiten im Spiel funktionieren besser, wenn sie zusammen eingesetzt werden. Wenn du zum Beispiel eine Fähigkeit einsetzt, die die Anfälligkeit eines Gegners für Feuerschaden erhöht, gefolgt von einem feuerbasierten Angriff, kann dies erheblichen Schaden verursachen. Suche nach Möglichkeiten, die Fähigkeiten verschiedener Charaktere zu kombinieren, um Schwächen auszunutzen und die Macht deines Teams zu maximieren.

Maximieren von Werten

- **Optimierung für Schaden oder Verteidigung**: Konzentriere dich beim Aufbau deiner Charaktere auf die Maximierung der Werte, die zu ihrer Rolle passen. Bei einem Charakter, der Schaden verursacht, solltest du die Angriffs- und kritische Trefferchance priorisieren. Bei einem Panzer solltet ihr euch auf Verteidigung, Gesundheit und Schadensminderung konzentrieren. Ein Unterstützungscharakter verbessert die Heilungsleistung und die Buff-Fähigkeiten.

- **Gegenstands- und Ausrüstungssynergie**: Einige Ausrüstungsteile und Gegenstände bieten Boni, die sich gut mit bestimmten Charakter-Builds stapeln lassen. Rüste Gegenstände aus, die die Fähigkeiten und Spielstile deiner Charaktere ergänzen. Zum Beispiel würde ein Charakter, der sich auf Elementarangriffe konzentriert, von Ausrüstung profitieren, die den Elementarschaden oder die Resistenz erhöht.

Erweiterte Builds

- **Panzer-DPS-Hybrid**: Ein mächtiger Build konzentriert sich auf die Kombination von Tank-Fähigkeiten mit hohem DPS-Wert. Dies ermöglicht es deinem Charakter, schweren Schaden zu verursachen und gleichzeitig Treffer zu absorbieren, was ihn sowohl in der Offensive als auch in der Verteidigung effektiv macht. Rüstet euren Panzer mit Ausrüstung aus, die den Schadensausstoß erhöht und gleichzeitig einen hohen Verteidigungswert beibehält.

- **Debuff und Heal Build**: Ein Charakter, der sowohl Feinde schwächen als auch Verbündete heilen kann, ist in harten Kämpfen von unschätzbarem Wert. Halte Ausschau nach Fähigkeiten, die die gegnerische Verteidigung verringern, sie verlangsamen oder ihre Fähigkeiten behindern, während du gleichzeitig starke Heilfähigkeiten beibehältst, um dein Team am Leben zu erhalten.

Kapitel 10: Zusätzliche Ressourcen

10.1 Offizielle Website und Foren

Die offizielle Website und die Foren für *Vambrace: Dungeon Monarch* sind großartige Ausgangspunkte für alle, die ihr Verständnis des Spiels vertiefen, über die neuesten Nachrichten auf dem Laufenden bleiben oder mit anderen Spielern interagieren möchten.

Offizielle Website

- **Spielinformationen**: Die offizielle Website bietet eine Fülle von Informationen über das Spiel, darunter Details über die Geschichte, die Spielmechanik und bevorstehende Updates.

- **Patch Notes und Updates**: Bleib auf dem Laufenden über die neuesten Patches, Fehlerbehebungen und neuen Inhalte, indem du regelmäßig auf der offiziellen Website vorbeischaust.

- **Download und Support**: Wenn Sie Probleme bei der Installation haben oder zusätzliche Inhalte herunterladen müssen, finden Sie auf der offiziellen Website alle notwendigen Links und Support-Ressourcen.

Offizielle Foren

- **Community-Diskussionen**: Die offiziellen Foren bieten Spielern die Möglichkeit, verschiedene Aspekte des Spiels zu diskutieren, von Strategien bis hin zu Hintergrundgeschichten, und Tipps oder Tricks auszutauschen.

- **Entwicklerkommunikation**: Interagiere mit den Spieleentwicklern, da sie oft die Foren besuchen, um Fragen zu beantworten und Spielerfeedback zu erhalten.

- **Fehlerberichte**: Wenn ihr auf Fehler oder technische Probleme stoßt, könnt ihr diese in den Foren melden und Hilfe von anderen Spielern und Entwicklern erhalten.

10.2 Community- und Fan-Guides

Die Community rund um *Vambrace: Dungeon Monarch* ist aktiv und leidenschaftlich, mit vielen engagierten Spielern, die Anleitungen, Komplettlösungen und Tipps erstellen, die dir helfen, Fortschritte zu machen. Diese Leitfäden, die oft von Fans erstellt wurden, bieten tiefe Einblicke und alternative Strategien, die Ihr Erlebnis verbessern können.

Komplettlösungen für Spiele

- **Umfassende Komplettlösungen**: Detaillierte, von Fans erstellte Komplettlösungen decken alles ab, von der Haupthandlung bis hin zu Nebenquests und versteckten Geheimnissen. Diese können hilfreich sein, wenn Sie nicht weiterkommen oder sicherstellen möchten, dass Sie keine wichtigen Inhalte verpassen.

- **Level-by-Level-Aufschlüsselung**: Viele Community-Guides unterteilen das Spiel nach Level oder Mission und bieten spezifische Tipps und Tricks zum Überwinden schwieriger Abschnitte und Bosse.

Strategie-Leitfäden

- **Kampf und Taktiken**: Entdecke von Fans erstellte Strategien und Tipps zur Beherrschung von Kampfmechaniken, einschließlich Charakter-Builds, Kampftaktiken und fortgeschrittenen Strategien, um schwierige Begegnungen zu überleben.

- **Charakter- und Klassentipps**: Finde Leitfäden, die sich auf bestimmte Charakterklassen oder Rollen konzentrieren und dir helfen, den besten Charakter-Build für deinen Spielstil auszuwählen.

Diskussionen in der Community

- **Reddit und Foren**: Tritt Online-Communitys wie Reddit bei, um an Diskussionen über Spielgeschichte, Strategie und Entwicklung teilzunehmen. Du kannst Ratschläge von anderen Spielern finden, Fragen stellen und deine eigenen Erfahrungen teilen.

- **YouTube und Streamer**: Viele Spieler posten Gameplay-Videos, Tutorials und Let's Plays auf YouTube. Das Anschauen dieser Videos kann hilfreiche Einblicke in bestimmte Abschnitte oder Kampfmechaniken geben, die möglicherweise schwer zu verstehen sind.

10.3 Modding und benutzerdefinierte Inhalte

Vambrace: Dungeon Monarch hat eine florierende Modding-Community, die benutzerdefinierte Inhalte erstellt und das Basisspiel auf kreative und aufregende Weise verbessert. Wenn Sie daran interessiert sind, Ihr Spielerlebnis zu ändern, stehen Ihnen eine Reihe von Optionen zur Verfügung.

Modding-Gemeinschaften

- **Modding-Plattformen**: Plattformen wie Nexus Mods oder Steam Workshop sind großartige Orte, um Mods für *Vambrace: Dungeon Monarch zu finden*. Diese Mods können von visuellen Verbesserungen über Gameplay-Optimierungen bis hin zu völlig neuen Inhalten reichen.

- **Modding-Tools**: Einige Modding-Communities bieten Tools und Ressourcen für diejenigen, die ihre eigenen Mods erstellen möchten. Wenn du daran interessiert bist, dem Spiel benutzerdefinierte Inhalte hinzuzufügen, können dich diese Ressourcen durch den Modding-Prozess führen.

Beliebte Mods

- **Benutzerdefinierte Skins und Texturen**: Verbessern Sie die Grafik des Spiels mit benutzerdefinierten Skins oder neuen Charaktermodellen. Diese Mods können das Aussehen der Umgebungen, Charaktere und der Benutzeroberfläche des Spiels verändern.

- **Gameplay-Anpassungen**: Einige Mods bieten Gameplay-Verbesserungen, wie z. B. Balancing-Änderungen, neue Fähigkeiten oder zusätzliche Schwierigkeitseinstellungen. Diese können eine neue Herausforderung für erfahrene Spieler darstellen.

- **Story- und Quest-Mods**: Von Fans erstellte Quests, Handlungsstränge und sogar alternative Enden können die Welt von *Vambrace: Dungeon Monarch* weit über die ursprüngliche Erzählung hinaus erweitern. Diese Mods können dem Spiel stundenlange neue Inhalte hinzufügen.

Installieren und Verwenden von Mods

- **Kompatibilität**: Stellen Sie sicher, dass die Mods, die Sie installieren, mit Ihrer Version des Spiels kompatibel sind. Halte immer Ausschau nach Mod-Updates, da neue Spiel-Patches ältere Mods kaputt machen könnten.

- **Mod-Installationsanweisungen**: Befolgen Sie die Anweisungen des Modders sorgfältig, um eine korrekte Installation zu gewährleisten. Viele Modding-Plattformen enthalten Schritt-für-Schritt-Anleitungen für die Installation und Konfiguration von Mods.

10.4 Häufig gestellte Fragen (FAQ)

Wenn du Fragen hast oder beim Spielen von *Vambrace: Dungeon Monarch auf Probleme stößt*, ist der FAQ-Bereich eine großartige Ressource zur Fehlerbehebung und zum Verständnis häufiger Probleme.

Häufige Probleme und Fehlerbehebungen

- **Leistungsprobleme**: Wenn Verzögerungen oder Abstürze auftreten, finden Sie in den häufig gestellten Fragen häufig beschriebene Lösungen, z. B. das Anpassen der Grafikeinstellungen oder das Aktualisieren von Treibern.

- **Probleme bei der Installation**: Wenn du Schwierigkeiten beim Installieren oder Starten des Spiels hast, findest du in den FAQ Schritte zur Fehlerbehebung, um häufige Installationsprobleme zu beheben.

Allgemeine Fragen zum Gameplay

- **Charakterentwicklung**: Für Spieler, die sich fragen, wie sie ihre Charaktere am besten aufleveln können, finden Sie in den FAQ detaillierte Informationen zu Erfahrungspunkten, Fertigkeitsbäumen und Fortschrittssystemen.

- **Missionstipps**: Hast du Probleme mit einer bestimmten Mission oder einem Bosskampf? Die FAQ können Ratschläge enthalten, wie man herausfordernde Begegnungen angeht oder wie man bestimmte Nebenmissionen freischaltet.

Technischer Support

- **Kontaktinformationen**: Wenn du auf ein Problem stößt, das die FAQ nicht lösen kann, kannst du die Entwickler über die offiziellen Supportkanäle kontaktieren. Unabhängig davon, ob es sich um einen Fehler, ein technisches Problem oder Feedback handelt, helfen Ihnen die Entwickler bei der Lösung des Problems.

- **Systemanforderungen**: Stellen Sie sicher, dass Ihr System die Mindestanforderungen oder empfohlenen Anforderungen für eine optimale Leistung erfüllt. Die häufig gestellten Fragen enthalten eine Aufschlüsselung dieser Spezifikationen, um Ihnen bei der Fehlerbehebung zu helfen.

www.ingramcontent.com/pod-product-compliance
Lightning Source LLC
LaVergne TN
LVHW022352060326
832902LV00022B/4395